铁路职业教育铁道机车运用与维护专业新形态一体化系列教材

电力机车电气线路

赵立恒◎主　编
何晓丽◎副主编
薛振川◎主　审

中国铁道出版社有限公司

2024年·北　京

内容简介

本书以和谐交流传动电力机车 HXD3C 型电力机车为典型车型，详细介绍了电力机车主电路、辅助电路、控制电路、高低压试验、机车操纵的知识与技能。本书是以任务驱动教学方法为指导思想编写的理实一体化教材，内容包含电力机车电气线路构成、工作原理和操纵过程，能有效激发学生的学习兴趣，提高学生的综合能力。

本书适合作为高等职业院校铁道机车运用与维护专业和中等职业院校电力机车运用与检修专业的教材，也可作为成人教育、职工培训教材。

图书在版编目(CIP)数据

电力机车电气线路/赵立恒主编．—北京：中国铁道出版社有限公司，2024.2

铁路职业教育铁道机车运用与维护专业新形态一体化系列教材

ISBN 978-7-113-30798-1

Ⅰ.①电… Ⅱ.①赵… Ⅲ.①电力机车-电路-职业教育-教材 Ⅳ.①U264.6

中国国家版本馆 CIP 数据核字(2023)第 242346 号

书　　名：电力机车电气线路
作　　者：赵立恒

责任编辑：阚济存　　**编辑部电话：**(010)51873133　　**电子邮箱：**td51873133@163.com
编辑助理：倪英翰
封面设计：崔丽芳
责任校对：安海燕
责任印制：樊启鹏

出版发行：中国铁道出版社有限公司(100054，北京市西城区右安门西街 8 号)
网　　址：http://www.tdpress.com
印　　刷：北京盛通印刷股份有限公司
版　　次：2024 年 2 月第 1 版　2024 年 2 月第 1 次印刷
开　　本：787 mm×1 092 mm 1/16　**印张：**8.5　**字数：**210 千
书　　号：ISBN 978-7-113-30798-1
定　　价：39.00 元

前言

本书是北京市职业院校中铁天佑工程师学院建设项目成果之一。在内容形式上采用新形态一体化的编写方式，符合教、学、做一体化的教学理念。

HXD_{3C} 型电力机车是交流电传动六轴干线客货运电力机车，由中国中车大连机车车辆有限公司自主设计，具有完全自主知识产权，首台 HXD_{3C} 型电力机车在 2010 年 7 月初出厂。HXD_{3C} 型电力机车是在 HXD_3 型、HXD_{3B} 型电力机车国产化基础上研发设计的，是和谐型交流传动电力机车系列中首款客货两用车型，也是首款具备向列车供电的车型，最大功率 7 200 kW，最大运营速度 120 km/h。

“电力机车电气线路”是电力机车运用与检修专业的一门核心专业课，本书选取 HXD_{3C} 型电力机车作为和谐型交流传动电力机车的典型车型，介绍了电力机车主电路、辅助电路、控制电路、高低压试验与机车操纵等相关知识与技能。

本书是以任务驱动教学的方法为指导编写的活页式教材，以“任务为主线、教师为主导、学生为主体”，改变了以往“教师讲，学生听”的课堂讲授方式，提高了学生主动参与、自主协作、探索创新能力，有利于激发学生的学习兴趣，培养学生的分析问题、解决问题的能力，提高学生自主学习及与他人协作的能力。本书在编写过程中，认真分析研究了《轨道列车司机(电力机车司机)国家职业技能标准》，借鉴了国内外优秀教材的特点，多采用图表形式展现电力机车电气线路构成、工作原理、操纵过程，力求简单明了，省略了过多的理论性知识讲授。

本书由北京铁路电气化学校赵立恒任主编，何晓丽任副主编。北京铁路电气化学校姜攀，中国铁路北京局集团有限公司北京机务段卢志强参与编写。具体编写分工如下：姜攀编写项目一和项目四，何晓丽编写项目二，赵立恒编写项目三、项目五任务一和任务二，卢志强编写项目五任务三。中国铁路北京局集团有限公司北京机务段薛振川主审。

由于编者水平所限，书中疏漏之处在所难免，敬请广大读者和同行批评指正。

编　者

2023 年 11 月

目录

项目一 电力牵引系统整体认知

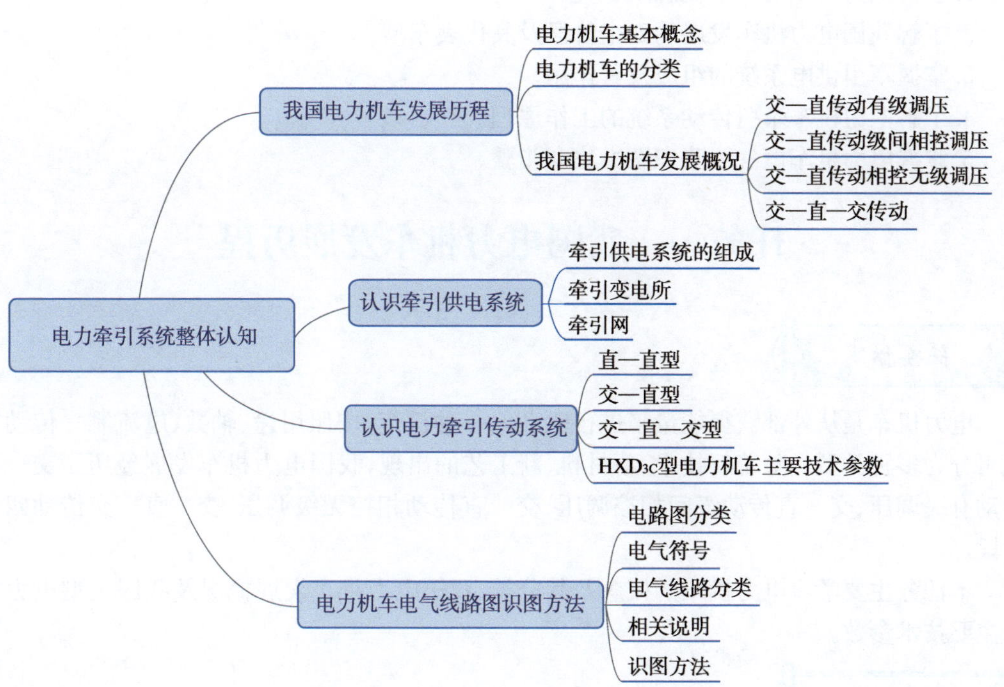

机车按能量来源不同分为蒸汽机车、内燃机车、电力机车。电力机车具有功率大、速度快、效率高、经济效果显著等特点，随着电力电子技术以及计算机控制技术发展，和谐型(交—直—交型)交流传动电力机车得到了较大发展和运用，成为我国主型电力机车。

电力机车本身不带能源，所需电能由电力牵引供电系统提供。牵引供电系统主要是由牵引变电所(简称变电所)和牵引网两大部分组成。牵引变电所设在铁路轨道附近，它将从发电厂经高压输电线或高压输电缆送过来的交流电经降压后送到铁路上空的接触网，接触网是向电力机车直接输送电能的电气设备，电力机车通过受电弓从接触网获得所需电能。

本项目主要学习我国电力机车发展概况、牵引供电系统组成、电力机车牵引系统组成，掌握电力机车电气线路识图方法和步骤。

1. 掌握电力机车的基本概念及分类。
2. 了解我国电力机车发展的四个阶段及其代表车型。
3. 掌握牵引供电系统的组成及其作用。
4. 了解电力机车牵引传动系统的工作原理。
5. 掌握电力机车电气线路识图方法和步骤。

任务一　我国电力机车发展历程

电力机车是从外部获得能量来进行驱动的一种机车，按照用途、轴数、电流制—传动方式可分为多种类型。随着新技术、新材料、新工艺的出现，我国电力机车发展经历了交—直传动有级调压、交—直传动级间相控调压、交—直传动相控无级调压、交—直—交传动四个阶段。

本任务主要学习电力机车的概念及其分类、我国电力机车发展概况及我国主型电力机车主要技术参数。

1. 掌握电力机车基本概念。
2. 了解电力机车基本工作原理。
3. 掌握电力机车的分类。
4. 了解我国电力机车发展的四个阶段及其代表车型的特点。

一、电力机车基本概念

电力机车是从外部获得能量来进行驱动的一种机车。和谐型交流传动电力机车通过安装在车顶的受电弓，从接触网获取 25 kV 单相交流电，经主变压器降压，由主变流器输出电压和频率可调的三相交流电给牵引电机(三相鼠笼式异步电机)。牵引电机将电能转变为机械能，通过驱动装置驱动机车运行，如图 1-1 所示。

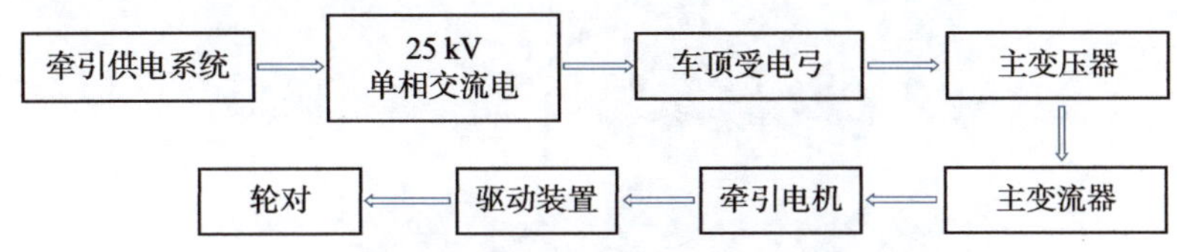

图 1-1　和谐型交流传动电力机车基本工作原理

二、电力机车的分类

1. 按用途分

客运电力机车：用来牵引客运列车，牵引力不大，运行速度高。如 SS_9 型电力机车最高运营速度为 170 km/h，HXD_{1D} 型电力机车、HXD_{3D} 型电力机车、HXD_{3G} 型电力机车最高运营速度为 160 km/h。

货运电力机车：用来牵引货物列车，牵引力大，速度要求不高。如 SS_4 型电力机车最高运营速度为 100 km/h，HXD_1 型、HXD_2 型、HXD_3 型电力机车最高运营速度为 120 km/h。

客货两用电力机车：用来牵引客运或货物列车，其牵引力和速度介于客运、货运电力机车之间。如 HXD_{3C} 型电力机车，最高运营速度为 120 km/h。

2. 按轴数分

可分为四轴(SS_8 型电力机车)、六轴(HXD_{1B}、HXD_{1C}、HXD_{1D}、HXD_{2B}、HXD_{2C}、HXD_3、HXD_{3C}、HXD_{3CA}、HXD_{3D} 型电力机车)、八轴(HXD_1、HXD_2、HXD_{3A})等电力机车。轴数越多一般功率越大，多用作货运机车。

3. 按传动方式分

直—直型：接触网采用直流供电，牵引电机采用直流牵引电机，采用斩波调压装置进行调压。

交—直型：又称整流器式。接触网采用交流供电，牵引电机采用直流牵引电机，采用整流调压装置进行调压。如我国韶山系列电力机车。

交—直—交型：接触网采用交流供电，牵引电机采用三相鼠笼式异步电机，采用变流装置(四象限整流器＋中间直流环节＋PWM 逆变器)将单相交流电变换为直流电，再变换为牵引电机需要的三相交流电。如我国和谐型交流传动电力机车。

三、我国电力机车发展概况

1958 年，我国开始修建电气化铁路，从一开始便直接采用了电压等级为 25 kV 的单相工频交流电，为我国大规模发展电气化铁路奠定了良好的基础。我国第一条电气化铁路是宝(鸡)成(都)线宝鸡—凤州段，于 1961 年 8 月 15 日正式通车并交付运营，从此揭开了我国电气化铁路建设的新征程。

我国电力机车发展分为以下四个阶段：

1. 交—直传动有级调压

SS_1 型电力机车(图 1-2)是国产客、货两用干线电力机车。首台机车于 1958 年试制成功，此后 20 多年间经历了三次重大技术改进，1980 年基本定型并投入大批量生产。1958 年至 1988 年间，株洲电力机车厂累计生产了 826 台，主要技术参数见表 1-1。

图 1-2　SS_1 型电力机车

表 1-1　SS_1、SS_3 型电力机车主要技术参数

参　　数	SS_1 型电力机车	SS_3 型电力机车
轴列式	C_0-C_0	C_0-C_0
轴重	23 t	23 t
机车长度	20 368 mm(车钩中心距)	21 416 mm(车钩中心距)
机车宽度	3 106 mm	3 100 mm
机车高度	4 140 mm(车顶平面至轨面)	4 380 mm(车顶平面至轨面)
受流电压	单相交流 25 kV	单相交流 25 kV
传动方式	交—直	交—直
牵引电机	ZQ-650-1	ZQ-800-1
调速方式	变压器低压侧有级调压	变压器低压侧级间相控调压
最高速度	90 km/h	100 km/h
持续牵引功率	3 780 kW	4 350 kW
启动牵引力	487.4 kN	490 kN
电气制动方式	一级电阻制动	二级电阻制动

SS_1 型电力机车采用交—直传动，接触网 25 kV 单相交流电通过受电弓、主断路器引入机车，电能经主变压器降压，通过整流器变为直流电，再经平波电抗器滤波，供给两台转向

架上六台并联的直流牵引电机，从而使牵引电机产生转矩并驱动轮对。采用变压器低压侧调压开关进行调速控制，通过改变主变压器低压绕组抽头的接法来调节牵引电机的端电压，从而实现机车的速度调节。

2. 交—直传动级间相控调压

SS_3 型电力机车（图 1-3），是由株洲电力机车厂和株洲电力机车研究所吸收了 SS_1 型、SS_2 型电力机车的成熟经验后，于 1979 年研制成功的干线货运电力机车，1986 年投入批量生产。早期的 SS_3 型电力机车采用了级间相控调压，作为调压开关调压向全相控调压的过渡方案，主要技术参数见表 1-1。

图 1-3　SS_3 型电力机车

3. 交—直传动相控无级调压

SS_9 型电力机车（图 1-4），主电路采用由大功率晶闸管和二极管组成的不等分三段半控桥相控整流电路，整流桥采取先大桥后小桥的顺控方式，其中一段半控桥占二分之一的整流电压用于低速区，另外两段半控桥占另外二分之一的整流电压用于高速区，以提高高速区的功率因数。每台机车设有两组相同的整流装置，采用转向架独立供电方式，同一台转向架上的三台牵引电机并联连接。为扩大机车恒功速度范围，机车可采用晶闸管分路进行无级磁场削弱，主要技术参数见表 1-2。

图 1-4　SS_9 型电力机车

表 1-2　SS_9 型、HXD_{3C} 型电力机车主要技术参数

参　数	SS_9 型电力机车	HXD_{3C} 型电力机车
轴列式	C_0-C_0	C_0-C_0
轴重	21 t	23 t(客运、无配重)
机车长度	22 216 mm(车钩中心距)	20 846 mm(车钩中心距)
机车宽度	3 100 mm	3 100 mm
机车高度	4 132 mm	4 100 mm
受流电压	单相交流 25 kV	单相交流 25 kV
传动方式	交—直	交—直—交
牵引电机	ZD115	YJ85A1
调速方式	晶闸管相控调压(无级)	变压变频调速
最高速度	170 km/h(营运)	120 km/h
持续牵引功率	4 800 kW	7 200 kW
启动牵引力	286 kN	520 kN
电气制动方式	加馈电阻制动	再生制动

4. 交—直—交传动

HXD_{3C} 型电力机车是在 HXD_3 型和 HXD_{3B} 型电力机车基础上研制的交流传动六轴 7 200 kW干线客运电力机车，如图 1-5 所示。该机车通过更换增加供电绕组的变压器，增加列车供电柜、供电插座、双管供风装置等，使机车具有牵引旅客列车的功能，并可以向旅客列车提供风源及稳定的 DC 600 V 电源，主要技术参数见表 1-2。

图 1-5　HXD_{3C} 型电力机车

HXD_{3C} 型电力机车轴列式为 C_0-C_0，电传动系统为交—直—交传动，采用 IGBT 水冷变流机组，1 250 kW 大转矩三相鼠笼式异步牵引电机，具有启动(持续)牵引力大、恒功率速度范围宽、黏着性能好、功率因数高、能源消耗低等特点。辅助电气系统采用两组辅助变流器，能分别提供 VVVF 和 CVCF 三相辅助电源，对辅助机组进行分类供电。该系统冗余性强，一组辅助变流器故障后可以由另一组辅助变流器对全部辅助机组供电。

“毛泽东号”机车

“毛泽东号”机车是以毛泽东主席名字命名的机车，诞生于解放战争的炮火硝烟之中。1946年，为了支援解放战争，缓解铁路运力不足的困难，在中国共产党的领导下，铁路工人们经过27个昼夜的奋战，抢修出了一台蒸汽机车，它就是第一代“毛泽东号”机车。解放战争中，“毛泽东号”机车运送部队和战争物资，书写了“解放军打到哪里，铁路修到哪里，‘毛泽东号’就开到哪里”的传奇故事，在枪林弹雨中一次又一次地圆满完成运输任务，把钢铁身影留在了辽沈、淮海、平津三大战役的战场上，刻在了中国的历史记忆中。

“毛泽东号”先后“搭载”了13任司机长、近200名乘务人员。其中，第三任“毛泽东号”老司机长郭树德还受到过毛泽东主席的亲切接见。在新中国成立70周年之际，“毛泽东号”机车组入选“最美奋斗者”名单，并接受表彰。

“毛泽东号”见证了中国铁路由小变大、从弱到强的发展历程，先后跨越蒸汽、内燃、电力3个动力时代，历经5次换型，如图1-6所示。

(a) 第一代　(b) 第二代　(c) 第三代　(d) 第四代　(e) 第五代　(f) 第六代

图1-6　历代“毛泽东号”机车

1946年10月30日，经中共中央东北局正式批准，ㄇㄎ1型304号蒸汽机车。

1977年01月27日，第一次换型，换型为DF_4型0002号内燃机车

1991年08月29日，第二次换型，换型为DF_{4B}型1893号内燃机车。

2000年12月26日，第三次换型，换型为DF_{4D}型1893号内燃机车。

2010年12月26日，第四次换型，换型为HXD_{3B}型1893号大功率交流传动电力机车。

2014年12月26日，第五次换型，换型为HXD_{3D}型1893号客运电力机车。

2019年8月6日上午8点16分，长沙至北京西Z2次旅客列车平稳停靠在北京西站第一站台(图1-7)。“Z2次列车正点到达!”第十三任司机长王振强(图1-8)话音刚落，一阵热烈的掌声响起。这次安全抵达，“毛泽东号”再次刷新了中国铁路机车的一项重要纪录：安全走行1100万公里，相当于绕地球275圈，再次创下中国铁路机车安全走行的新纪录。

图1-7 “毛泽东号”机车组乘务员和干部职工代表列队迎接“毛泽东号”机车平安归来

图1-8 第十三任司机长王振强

红色精神血脉相连，红色精神薪火相传。“报效祖国、忠于职守、艰苦奋斗、永当先锋”的“毛泽东号”精神，引领着中国铁路取得了傲人成绩。在新征程中，相信“毛泽东号”必将交出更加瞩目的历史答卷。

1. 根据任务信息填写表1-3。

表1-3 各型机车主要技术参数

参　数	SS_1型电力机车	SS_3型电力机车	SS_9型电力机车	HXD_{3C}型电力机车
轴列式				
轴数				
传动方式				
调速方式				
牵引电机(直流或交流)				
用途				
最高速度(km/h)				
持续牵引功率(kW)				
电气制动方式				

2. 学习任务拓展知识填写表 1-4。

表 1-4　毛泽东号各代车型

“毛泽东号”	年　份	车型车号
第一代	1946 年	ㄇㄎ1 型 304 号
第二代		
第三代		
第四代		
第五代		
第六代		

根据任务实施结果填写任务评价表 1-5。

表 1-5　任务评价表

序　号	评价项目	评价内容	分　值	得　分
1	知识点	和谐型交流传动电力机车基本工作原理	20	
2		电力机车的分类	20	
3		电力机车发展四个阶段的主型电力机车	20	
4	表达能力	表达能力强，仪态得体，逻辑严密，声音洪亮，讲解生动	20	
5	课堂表现	遵守课堂纪律，学习态度端正，积极配合教学安排	20	
小　计			100	

一、填空题

1. ______年我国开始修建电气化铁路，从一开始便直接采用了电压等级为______kV 的单相工频交流电。我国第一条电气化铁路是宝（鸡）成（都）线宝鸡—凤州段，于______年 8 月 15 日正式通车并交付运营。

2. HXD_{3C} 型是在 HXD_3 型和 HXD_{3B} 型电力机车基础上研制的交流传动______轴______kW 干线客运电力机车。HXD_{3C} 型电力机车轴式为______，电传动系统为______传动，采用 IGBT 水冷变流机组，______kW 大转矩______牵引电机，具有启动（持续）牵引力大、恒功率速度范围宽、黏着性能好、功率因数高、能源消耗低等特点。

3. “______、______、______、______”的“毛泽东号”精神，引领着中国铁路取得了傲人成绩。

二、综合题

1. 画图并写出和谐型交流传动电力机车基本工作原理。

2. 电力机车有哪几种分类？每种分类都有哪些车型？

任务二　认识牵引供电系统

电气化铁路是当代最重要的一种铁路类型，沿途设有大量电气设备为电力机车提供持续的动力能源。电力机车本身不带能源，所需电能由牵引供电系统提供。牵引供电系统主要是由牵引变电所和牵引网两大部分组成。牵引变电所设在电气化铁路附近，它将从发电厂经高压输电线或高压输电缆送过来的电流经过变压整流后送到电气化铁路上空的接触网，牵引网则是向电力机车直接输送电能的电气设备，电力机车通过受电弓从接触网获得所需电能，如图 1-9 所示。

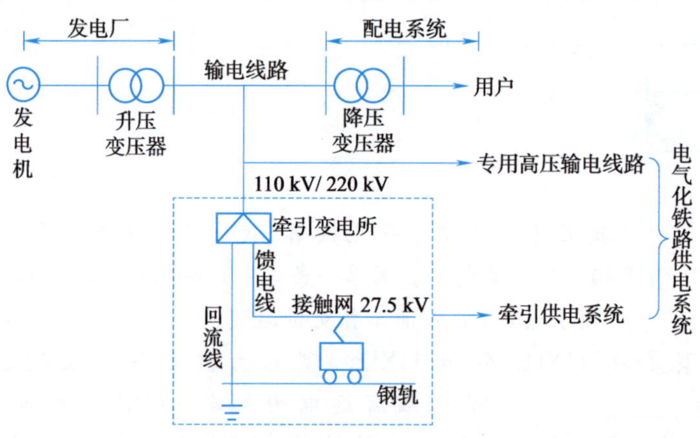

图 1-9　牵引供电系统简图

本任务是学习牵引供电系统组成、牵引网各个组成部分的作用。

1. 掌握牵引供电系统的组成。
2. 了解牵引变电所的功能。
3. 掌握牵引网的组成及各组成部分的功能。
4. 理解电分段、电分相的作用。

一、牵引供电系统的组成

发电厂发出的电能，经升压变压器由高压输电线送到铁路沿线的牵引变电所。牵引供电系统是指从电力系统通过牵引变电所降压到 27.5 kV 并通过接触网送给电力机车的整个供电系统。通常将牵引变电所、接触网和电力机车称为电气化铁路的“三大元件”。

牵引供电系统主要由牵引变电所和牵引网两部分组成。

二、牵引变电所

我国电气化铁路牵引侧的额定电压为 25 kV 和 50 kV 两种。电压为 25 kV 的交流电直接供给接触网，而 50 kV 交流电的要经过自耦变压器变为 25 kV 之后再供给接触网。为了保证电力机车额定电压为 25 kV，主变压器牵引侧输出电压要比额定电压高 10%，即为 27.5 kV。

牵引变电所的作用是将三相的 110 kV(或 220 kV)高压交流电变换为两个单相的 27.5 kV的交流电，然后向铁路上、下行两个方向的接触网供电，如图 1-10 所示。为提高供电可靠性，牵引变电所通常采用具有两路单独电源的电源进线。

图 1-10　牵引变电所

在牵引变电所内通常设置相应的高压电气设备来实现电能的传输和变换，高压电气设备主要包括避雷器、电压互感器、隔离开关、断路器、电流互感器、牵引变压器等。

牵引变压器是牵引变电所的主要电气设备。我们国家的电气化铁路采用的主变压器种类比较多，包括单相变压器、V/V 接线变压器、三相变压器和三相—两相平衡变压器等。

分区所设于两个牵引变电所的中间，可使相邻的接触网供电区段(同一供电臂的上、下行或两相邻变电所的两供电臂)通过断路器实现并联或单独工作。如果分区所两侧的某一区段接触网发生短路故障，可由供电的牵引变电所馈电线断路器及分区所断路器，在继电保护的作用下自动跳闸，将故障段接触网切除，而非故障段的接触网仍照常工作，从而使事故影响范围缩小一半，分区所位置如图 1-11 所示。

我国电气化铁路均采用单边供电方式，即牵引变电所向接触网供电时，每一个供电臂的接触网只从一端的牵引变电所获得电能。复线区段可通过分区所将上、下行接触网连接，实现“并联供电”，可适当提高末端网压。当某一牵引变电所发生故障时，相邻变电所通过分区所的隔离开关实现“越区供电”。

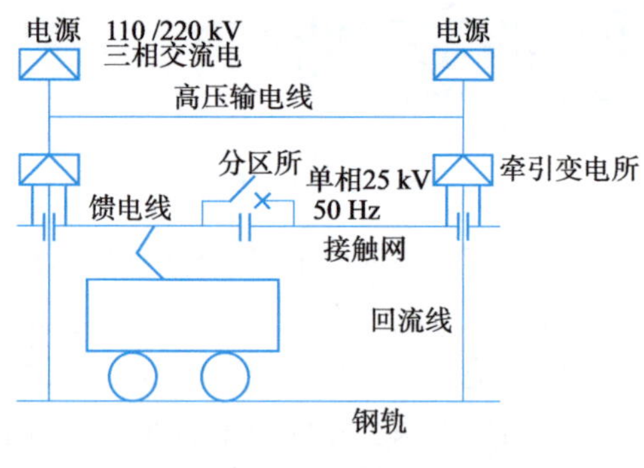

图 1-11　分区所

三、牵引网

牵引网由馈电线、接触网、钢轨、大地、回流线组成。牵引供电回路是由牵引变电所经馈电线、接触网、电力机车、钢轨、地或回流线流回牵引变电所，其中流通的电流称为牵引电流。

牵引网供电方式是指由接触网向电力机车的供电方式。目前单相工频 25 kV 牵引网供电方式主要有四种：直接供电方式(TR)、BT 供电方式、带回流线的直接供电方式(TRNF)、AT 供电方式。

牵引供电系统各组成部分的功能如图 1-12 所示。在电气化铁路上，电力机车是利用走行轨作为牵引电流回路的，由于轨道与大地之间是不绝缘的，所以牵引电流的一部分要流经大地，从埋设在牵引变电所下面的接地网回到牵引变压器。

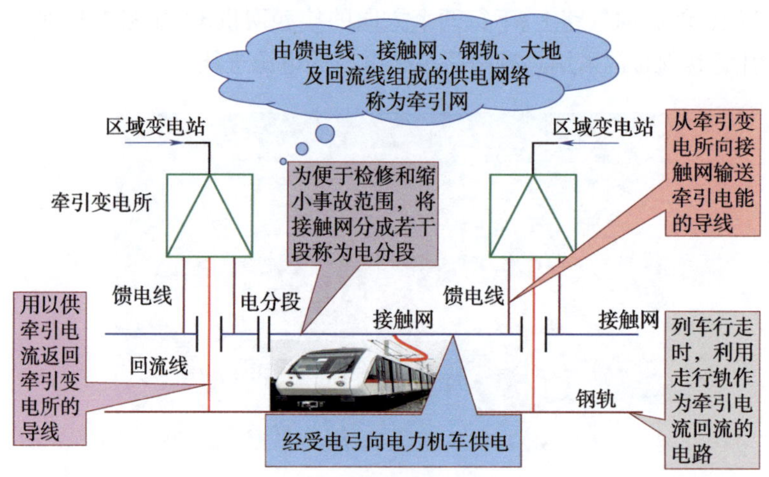

图 1-12　牵引供电系统各部分功能

1. 馈电线

馈电线是牵引变电所牵引母线和接触网之间的导线，一般采用大截面的钢芯铝绞线，它的作用是将电能由牵引变电所引向电气化铁路牵引网的接触网。

2. 接触网

接触网是一种悬挂在轨道上方、沿轨道敷设并与铁路轨顶保持一定距离的输电网，它直接输送电能给电力机车。

3. 供电臂

牵引变电所至分区所之间的接触网(含馈电线)称为供电臂。牵引变电所每一侧的接触网都被称为供电臂。该两臂的接触网电压相位是不同的，一般是用分相绝缘器隔离开。各牵引变电所的供电臂之间循环换相，因此各供电臂电压相位不同。

4. 回流线

回流线是轨道回路与牵引变电所之间的连接线，其作用是将回路电流导入牵引变电所内的牵引变压器，一方面减少电能损失，降低了轨道电位，另一方面降低了对电气化铁路沿线通信线路和装置的电磁谐波干扰。通常回流线与接触网线路同杆架设，每隔一定的区段通过吸上线与钢轨相连。

5. 电分段

为了便于检修和缩小事故影响范围而将接触网从电气上分为若干段。电分段根据设置位置分为纵向电分段和横向电分段，纵向电分段是同一条接触网沿线路方向进行的分段，横向电分段是在接触网线路之间的分段，如在车辆段的各股道之间进行的分段等。电分段通常用分段绝缘器来实现。分段绝缘器是用以实现电分段的专用绝缘装置，如图 1-13 所示。

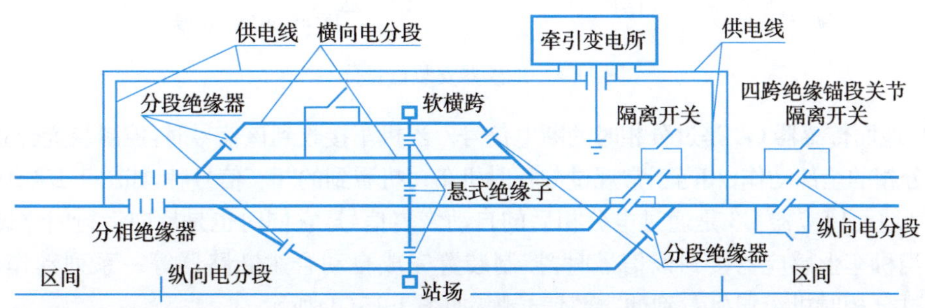

图 1-13　电分段、分段绝缘器、分相绝缘器的位置分布

(1)电分段位置

横向电分段用于复线上下行股道间，车站的装卸线、机车整备线、电力机车库线、站场的正线与侧线间进行的电分段等。

纵向电分段用于沿线路方向各供电臂之间的分段，车站和区间连接处、区间遇到大型建筑物、接触网相邻锚段之间的电分段等。

(2)分段绝缘器

分段绝缘器又称分区绝缘器，是衔接相邻两个馈电区段的架空接触式绝缘组件。在结构上既要保证机车受电弓带电平滑通过，又能满足两端接触网的电气隔离要求。分段绝缘器用于接触网同相电分段处，方便供电设备检修，对接触网进行电气隔离。

6. 电分相

在单相交流牵引供电系统中，电力机车是由单相电供电的。为了平衡电力系统的 A、B、C 各相负荷，一般要实行各相轮流供电，所以各相之间要进行分开，这称为电分相。电分相通常由分相绝缘器或绝缘锚段关节实现。在变电所出口处及两相邻牵引变电所之间的分区所(供电臂末端)必须设电分相装置。电分相装置由分相绝缘装置和相应的线路标志构成。

(1)电分相绝缘器

将接触网上不同相位的电隔离开，以免发生相间短路，并起机械连接作用，使接触网成为一个整体。常规电分相主要采用两种办法，其一是利用锚段关节进行电分相，另一种是利用专门的电分相装置进行电分相，这种装置称为电分相绝缘器。电分相绝缘器与锚段关节不同，它只能用于电气上的绝缘，而导线在机械上则是通过电分相绝缘器连接在一起，不能作为机械分段。

(2)电分相标志牌及地面感应器

如图 1-14 所示，1 号地面感应器 G1 是机车过分相的预备信号(单线反向时是 4 号地面感应器 G4)，当机车接收到该信号时，机车控制装置做好过分相的各种准备工作，相当于常规过分相时机车司机看到的“禁止双弓”信号牌，如图 1-15(b)所示。

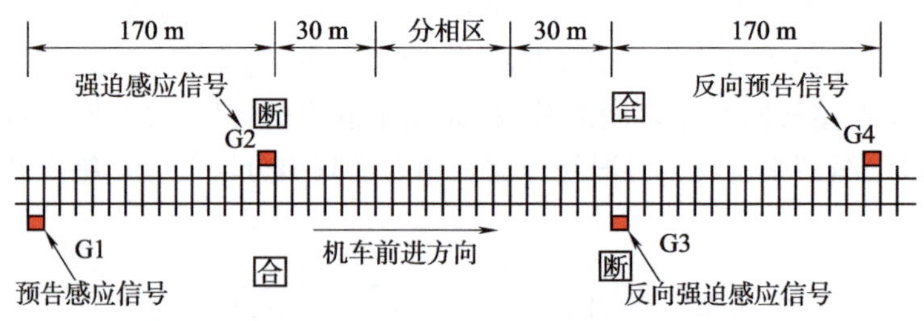

图 1-14　地感器安装位置分布

2 号地面传感器 G2 是过分相时的断电信号。当机车接收到该信号时，控制装置会立即执行过电分相的全部动作，相当于常规过分相时机车司机看到的“断”信号牌，如图 1-15(c)所示。

3 号地面感应器 G3 是通过电分相后的自动恢复信号，它同时也是反向运行时立即断电信号。当机车上感应器接到该信号时，控制装置完成自动合主断路器等一系列动作，相当于常规过分相时机车司机看到的“合”信号牌，如图 1-15(d)所示。

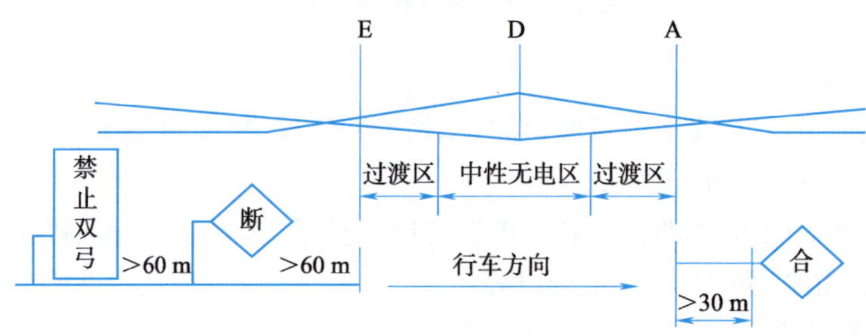

(a) 电力机车通过电分相示意图

(b) “禁止双弓”信号牌　(c) “断”信号牌　(d) “合”信号牌

图 1-15　电力机车通过电分相

1. 写出电气化铁路的“三大元件”的名称及其作用。

2. 根据任务信息填写表 1-6。

表 1-6　牵引供电系统各部件位置与作用

名　称	位　置	作　用
牵引变压器		
馈电线		
接触网		
供电臂		
回流线		
电分段		
电分相		

根据任务实施结果填写任务评价表 1-7。

表 1-7　任务评价表

序　号	评价项目	评价内容	分　值	得　分
1	知识点	绘制牵引供电系统框图	20	
2		牵引变电所的设备及作用	20	
3		牵引网各组成部分的作用	20	
4	表达能力	仪态得体，逻辑严密，声音洪亮，讲解生动	20	
5	课堂表现	遵守课堂纪律，学习态度端正，积极配合教学安排	20	
小　计			100	

一、填空题

1. 我国电气化铁路采用工频__________制，额定电压为________ kV。

2. 牵引供电系统是通过牵引变电所降压到__________并通过__________送给电力机车。牵引供电系统主要由__________和__________两部分组成。

3. 牵引变电所是实现电能变换的场所，通常设置__________路独立电源的电源进线。

4. 牵引网供电方式是指由__________向__________的供电方式。主要有四种供电方式：__________、__________、__________和BT供电方式。

5. 电分相的作用是实现电力系统各相负荷__________供电而设置的__________供电方式，一般由__________来实现。

6. 分相绝缘器作用将接触网上不同__________的电能隔离开，以免发生相间__________。

7. 电分段是为了便于__________和缩小__________范围而将接触网分为若干段。

二、综合题

1. 请画出牵引供电系统的结构简图，标注各组成部分的名称，并写出电流路径。

2. 从设置位置和作用两方面，总结电分段和电分相的区别。

任务三　认识电力牵引传动系统

电力机车从接触网吸取电能，利用牵引电机驱动机车运行。在我国，接触网采用25 kV单相交流电供电，电力机车牵引电机分为直流牵引电机和三相鼠笼式异步电机。按电流制—传动方式，可分为：直—直型、交—直型（整流器式）、交—直—交型电力机车。

本任务是学习直—直型、交—直型、交—直—交型电力机车的基本工作原理。

1. 了解直—直型电力机车牵引传动系统的工作原理。
2. 熟悉交—直型电力机车牵引传动系统的工作原理。
3. 掌握交—直—交型电力机牵引传动系统的工作原理。
4. 了解 HXD$_{3C}$ 型电力机车主要技术参数。

一、直—直型电力机车牵引传动系统

直—直型电力机车，又称直流电力机车，采用接触网直流供电、直流电机驱动。直流电力机车由于受牵引电机端电压的限制，网压不可能太高，从而限制了机车功率进一步提高，一般应用于工矿及城市轨道交通运输，其工作原理如图 1-16 所示。

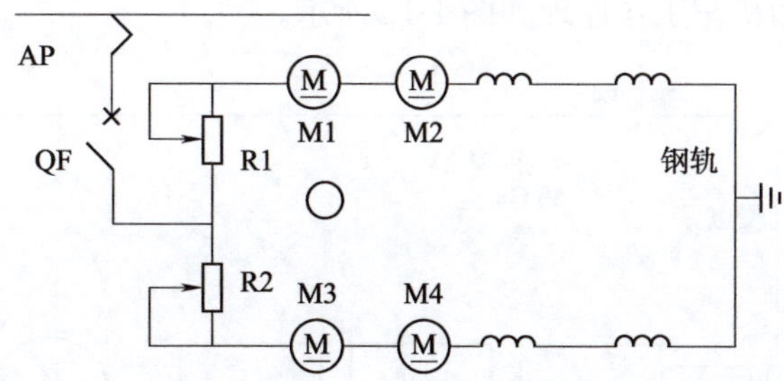

图 1-16　直—直型电力机车牵引传动系统工作原理

机车由受电弓 AP 从接触网吸取直流电，经主断路器 QF、启动电阻 R1 和 R2 分别向直流电机 M1、M2 和 M3、M4 供电。直流电机将电能转换为机械能，通过齿轮传动装置，驱动机车运行。电流路径之一为：变电所馈线→接触网→受电弓 AP→主断路器 QF→启动电阻 R1→直流电机 M1→直流电机 M2→钢轨→回流线→变电所。

二、交—直型电力机车牵引传动系统

交—直型电力机车，又称整流器式电力机车，采用接触网交流供电、直流（脉流）电机驱动，代表车型有：韶山型（SS$_1$～SS$_9$）、8K 型电力机车、6K 型电力机车、8G 型电力机车。

交—直型电力机车将接触网供给的单相工频交流电，由机车主变压器降压，经调压整流装置将单相交流电转换为脉动的直流电，经中间直流环节（平波电抗器）向直流（脉流）电机供电，从而产生牵引力驱动机车运行，如图 1-17 所示。

由于交—直型电力机车整流装置输出的电压为脉动电压，流过直流电机的电流是直流脉动电流，脉动电流不仅使直流电机损耗增加，而且使直流电机换向恶化。因此，交—直型电力机车中间直流环节上装有平波电抗器以减少电流的脉动，增加直流分路电阻减小直流电机励磁电流的脉动，并且在电机结构上亦做了特殊设计。交—直型电力机车在整流过程中会产生谐波，功率因数较低，同样体积下直流电机功率小且维护保养工作量大，交—直型电力机车逐渐被淘汰。

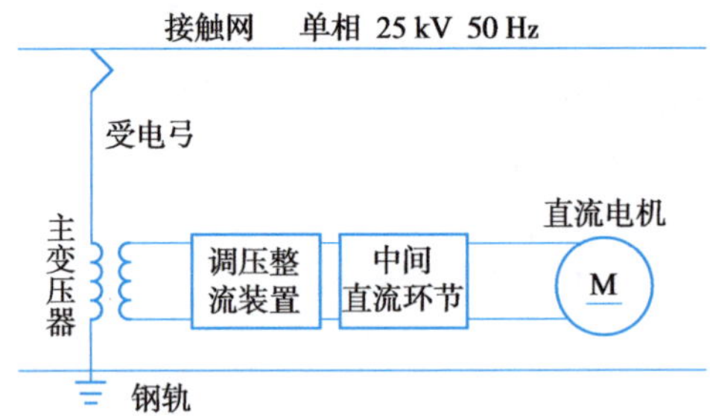

图 1-17　交—直型电力机车牵引传动系统

三、交—直—交型电力机车牵引传动系统

交—直—交型电力机车，即和谐型交流传动电力机车，采用接触网交流供电、三相鼠笼式异步电机驱动。代表车型：HXD_1 系列、HXD_2 系列、HXD_3 系列。

交—直—交型电力机车工作原理如图 1-18 所示。

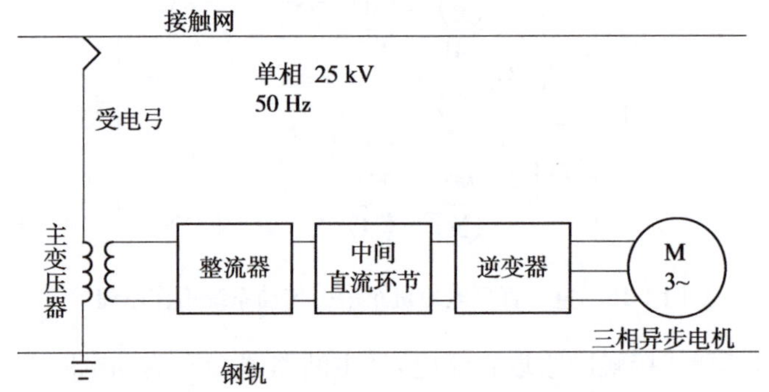

图 1-18　交—直—交型电力机车牵引传动系统工作原理

机车受电弓将 25 kV 单相交流电引入机车主变压器，经主变压器降压、整流器整流、中间直流环节稳压后，变为直流电送入逆变器。再经逆变器输出频率和幅值可调的三相交流电，送到三相鼠笼式异步电机，从而驱动机车运行。

整流环节：将交流电转换为直流电，一般采用功率因数接近于 1 的四象限整流器。

中间直流环节：消除或减少谐波含量，改善机车的功率因数，由于逆变器一般采用电压型逆变器，中间直流环节一般采用支撑电容。

逆变环节：大多采用电压型逆变器，将直流电转换为频率和幅值可调的三相交流电，同时具有较宽的调频范围和调压范围，一般采用正弦波脉宽调制（SPWM）技术。

三相异步电机：一般采用三相鼠笼式异步电机，结构较为简单，可靠性和经济性有极大优势，在恶劣环境下有较强的适应性（震动/冲击/潮湿/雨雪）。三相交流电机体积更小，重量更轻，而直流电动机单位功率重量较大。交流异步电机的黏着利用性能较好，能够抑制空转。

交—直—交型机车具有较大牵引力、黏着利用率高、高制动性能、功率因数高、少维修等优点。和谐型交流传动电力机车、CRH 动车组、复兴号高速动车组均采用交—直—交传动。

四、HXD3C 型电力机车主要技术参数

HXD3C 型交流传动电力机车为 6 轴货运大功率交流传动电力机车，如图 1-19 所示。机车可以 4 台机车重联控制运行，可以在满足环境温度 −40 ℃～+40 ℃，海拔高度 2 500 m 以下的条件运行。

图 1-19　HXD3C 型电力机车

HXD3C 型电力机车轴式为 C_0-C_0，机车全长约 20.846 m，输出功率 7 200 kW，最大启动牵引力 570 kN，最高运行速度 120 km/h。

HXD3C 型电力机车特点是：电传动系统采用交—直—交传动，采用 IGBT 水冷变流机组、1 250 kW大转矩异步牵引电机、矢量控制等技术，具有启动（持续）牵引力大、恒功率速度范围宽、功率因数高等特点，采用微机网络控制系统，实现了逻辑控制、自诊断功能，而且实现了机车的网络重联功能。车顶高压设备只留有受电弓和避雷器，如图 1-20 所示。

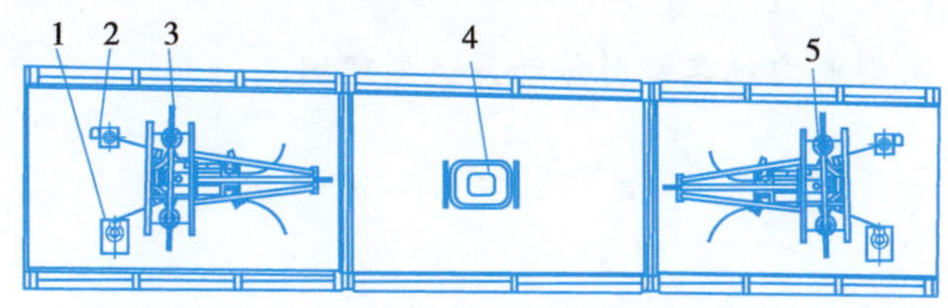

图 1-20　HXD3C 型电力机车车顶设备

1—高压绝缘护套；2—避雷器；3—受电弓；4—检修升降口；5—支承绝缘子

1. 写出直—直型、交—直型、交—直—交型电力机车优缺点。

2. 根据交—直—交型电力机车原理图,写出每一部分的作用。

接触网:

受电弓:

主变压器:

整流器:

中间直流环节:

逆变器:

三相异步电动机:

钢轨:

根据任务实施结果填写任务评价表1-8。

表1-8 任务评价表

序 号	评价项目	评价内容	分 值	得 分
1	知识点	直—直型电力机车工作原理	10	
2		交—直型电力机车工作原理	20	
3		交—直—交型电力机车工作原理	30	
4	表达能力	表达能力强,仪态得体,逻辑严密,声音洪亮,讲解生动	20	
5	课堂表现	遵守课堂纪律,学习态度端正,积极配合教学安排	20	
小 计			100	

1. 画出交—直—交型电力机车牵引传动系统原理图。

2. HXD_{3C} 型电力机车特点是什么?

任务四　电力机车电气线路图识图方法

HXD3C 型电力机车上的电路按其功能和电压等级，可以分为主电路、辅助电路、控制电路、行车安全综合信息监控系统电路和空气管路系统电路。本书主要涉及主电路、辅助电路、控制电路。主电路是产生牵引力和电气制动力的电路，辅助电路是为主电路正常工作提供保障的，控制电路就其功能而言是主令电路，即司机通过主令电路发出指令来间接控制机车主电路及辅助电路，以完成各种工况的操作。

本任务主要学习电力机车电气线路图识图方法和步骤。

1. 掌握电路图的分类。
2. 掌握常用电气符号。
3. 掌握电力机车电气线路的分类。
4. 了解电力机车电气线路识图方法。

一、电路图的分类

电路图是用各种图形符号、带注释的图框、简化的外形来表示系统、设备、装置、元件等之间的相互关系或连接关系的一种简图。电路图可以阐述电路的工作原理，描述电气元件的构成和功能，用来指导电气设备、电气线路的安装、接线、运行、维护和管理。

电路图反映的是电路的工作原理，由于电气元件外形结构的复杂性，因此电路图中采用国家统一规定的图形符号和文字符号来表示电气元件的不同种类、规格及安装方式。

电路图可分为电气原理图、电气元件布置图、电气安装接线图等。

电气原理图是用图形符号、文字符号、项目代号等表示电路各电气元件之间关系和工作原理的图。

电气元件布置图主要表明所有电气设备和电气元件的实际位置。

电气安装接线图是根据电气设备和电气元件的实际位置和安装情况绘制的，只用来表示电气设备和电器元件的位置、配线方式和接线方式，包括连接关系、线缆种类和敷设线路。

二、电气符号

电气符号包括图形符号和文字符号，均应符合国家标准。常用电气图形符号见表 1-9，常用基本文字符号见表 1-10，部分辅助文字符号见表 1-11。

表 1-9　常用电气图符号

顺　序	序　　号	名　　称	顺　序	序　　号	名　　称
1	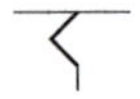	受电弓	12	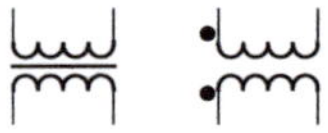	双绕组变压器
2		接地	13		熔断器
3		插头和插座	14		电阻
4		避雷器(左) 火花间隙(右)	15		电容
5		电抗器扼流圈	16		三相鼠笼型 异步电动机
6		换向或补偿绕组 串励绕组 并励或他励绕组	17	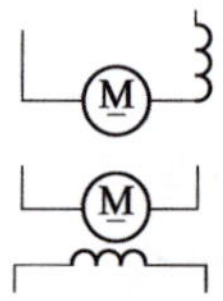	串励直流电动机 他励直流电动机
7	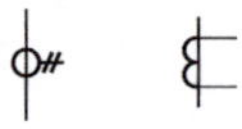	电流互感器(左) 脉冲变压器(右)	18		常开联锁(左) 一般开关(右)
8		电压互感器	19		常闭联锁
9		接触器触头	20		延时联锁
10		断路器	21		具有自动释放 的负荷开关
11	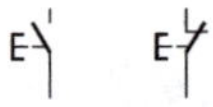	动合按钮(左) 动断按钮(右)	22	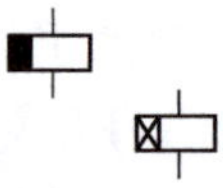	时间继电器线圈 电空阀线圈

表 1-10　常用基本文字符号

设备、装置和元器件种类	部分举例	单字母	双字母
组件 部件	晶体管放大器	A	AD
组件 部件	集成电路放大器	A	AJ
非电量到电量变换器 或电量到非电量变换器	压力变换器	B	BP
非电量到电量变换器 或电量到非电量变换器	温度变换器	B	BT
非电量到电量变换器 或电量到非电量变换器	速度变换器	B	BV
电容器	电容器	C	—
二进制元件延迟器件、存储器件	数字集成电路和器件	D	—

续上表

设备、装置和元器件种类	部分举例	单字母	双字母
其他元器件	发热器件	E	EH
	照明灯		EL
	空气调节器		EV
保护器件	过电压放电器件避雷器	F	—
	具有延时动作的限流保护器件		FR
	熔断器		FU
发生器、发电机、电源	旋转发电机	G	—
	蓄电池		GB
信号器件	声响指示器	H	HA
	指示灯		HL
继电器 接触器	瞬时接触继电器	K	KA
	接触器		KM
	延时继电器		KT
电感器电抗器	感应线圈电抗器	L	—
电动机	电动机	M	
	可做发电机或电动机电机		MG
模拟元件	运算放大器	N	—
测量设备 实验设备	电流表	P	PA
	电度表		PJ
	电压表		PV
电力电路的开关器件	断路器	Q	QF
	隔离开关		QS
电阻器	电阻器	R	—
	电位器		RP
	压敏电阻器		RV
控制、记忆、信号电路的 开关器件选择	控制开关 选择开关	S	SA
	按钮开关		SB
变压器	电流互感器	T	TA
	控制电路电源用变压器		TC
	电压互感器		TV
调制器 变换器	变流器	U	—
	逆变器		
	整流器		
电子管、晶体管	二极管、晶体管、晶闸管	VD	—

表 1-11　部分辅助文字符号

辅助文字符号	名　称	辅助文字符号	名　称
I	电流	IN	输入
A	模拟	M	主
AC	交流	N	中性线
AUX	辅助	OUT	输出
B、BRK	制动	EM	紧急
D	数字	P	保护
DC	直流	PE	保护接地
E	接地	U	电压

三、和谐型交流传动电力机车电气线路分类

HXD3C 型电力机车上的电路按其功能和电压等级，可以分为主电路、辅助电路、控制电路、行车安全综合信息监控系统电路和空气管路系统电路。

主电路完成电力机车电能和机械能之间的相互转换，是产生牵引力和电气制动力的电路。主要电气设备有：受电弓、主断路器、高压接地开关、主变压器、主变流器、牵引电机。

辅助电路是为机车牵引及制动系统提供保障的，包括通风、冷却系统、压缩机及空调等，辅助电路的好坏，直接关系到机车能否正常运行。

控制系统是以机车控制与控制监视系统（TCMS）为核心，结合目前国内现有的机车行车安全综合信息监控系统和 CCBⅡ电空制动系统，配以机车外围电路来进行设计的。主要功能是实现机车特性控制、逻辑控制、故障监视和诊断，并将有关信息送到司机操纵台上的微机显示屏。

四、电力机车电气线路图相关说明

电力机车电气线路图是按照以下原则画出的：

（1）继电器、接触器的线圈均处于失电状态。

（2）断路器、自动开关在断开位。

（3）司机控制器在“0”位。

（4）按键开关在断开位。

（5）隔离开关在正常位。

（6）并不是所有的电气联锁都有常开、常闭的概念，这类联锁称为位置联锁，如高压隔离开关联锁。

（7）对凸轮控制器或鼓型控制器，如司机控制器，在电路图中将触头闭合次序展开为一个平面触头闭合电路图，简称展开图。在某个工作位置若触头是接通的，则在该位置相应的导线下方以黑点或黑线段表示。

五、电力机车电气线路图识图方法

1. 认识电气设备的电气符号及其作用、工作原理

要认识电路图中所有电气设备的电气符号（图形符号、文字符号），了解每个电气设备

结构及其基本工作原理。

受电弓的作用是弓头升起后使碳滑板与接触网导线接触，从接触网上集取电流，并将电流通过车顶母线传送到车内供机车使用。升弓电空阀得电，气路打开，压缩空气通过升弓电空阀进入升弓气囊，使受电弓升起。受电弓降弓时，升弓电空阀失电，升弓气路关闭，快速排气阀启动，受电弓靠自重降弓。

2. 查看标题栏

电气线路图标题栏注有电路图名称、图号、日期等信息。

电力机车电气线路图由多张图纸构成，每一张图纸右下方都有标题栏。通过阅读标题栏，能初步了解每张电路图的基本用途，从而为识图做好准备。

3. 识读电路图

首先阅读主电路，先了解主电路有哪些设备，每一种设备起什么作用，了解各电气设备的相互关系和保护方式，了解主电路各电气设备动作特点后再读控制电路。

控制电路是为控制主电路进行工作而设计的，要根据各个电气设备工作原理及主电路工作原理，弄清楚各设备动作的先后顺序及联锁关系。

1. 识读图 1-21 所示 HXD3C 型电力机车司控器部分电路，回答问题：

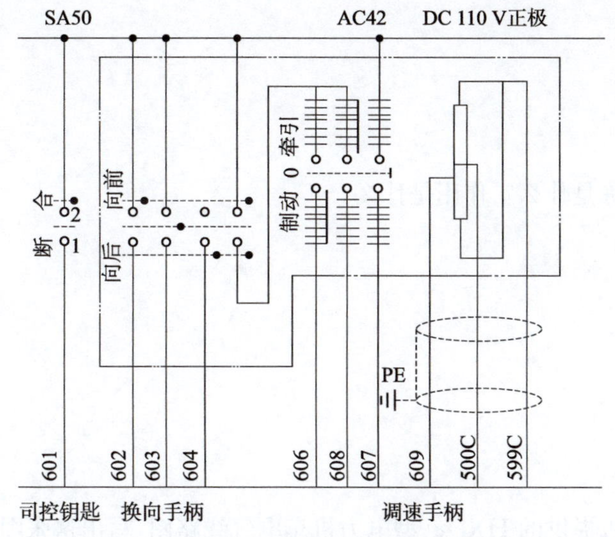

图 1-21　HXD3C 型电力机车司控器部分电路

(1)SA50 的中文名称是什么？置于什么位置时导线 601 得电？

(2)AC42 中文名称是什么？作用是什么？

(3)换向手柄置于向前、0、向后位置时，哪些导线得电？

(4)调速手柄在什么位置时，导线 606、607、608 什么时候得电？

(5)PE 中文名称是什么？作用是什么？

2. 根据教师随机提供的 HXD3C 型电力机车电气线路图，写出这张图的名称、功用。

根据任务实施结果填写任务评价表1-12。

表1-12　任务评价表

序　号	评价项目	评价内容	分　值	得　分
1	知识点	电路图的分类	10	
2		常用电气符号(文字符号、图形符号)	20	
3		电力机车电气线路分类及作用	30	
4	表达能力	表达能力强,仪态得体,逻辑严密,声音洪亮,讲解生动	20	
5	课堂表现	遵守课堂纪律,学习态度端正,积极配合教学安排	20	
小　计			100	

1. 查找HXD3C型电力机车技术资料填表1-13。

表1-13　HXD3C型电力机车技术资料

电气设备文字符号	电气设备中文名称	电气设备文字符号	电气设备中文名称
PG1		UA11	
QS1		KM11	
	主断路器	AT1	
	网压表	PE	
	低压电流互感器	UC	
XSM1		TCMS	
ACCT1		MPU	
UM1		APU	
CTU1		AC41	
SB46		KP41	
SA103		BV41	

2. 写出HXD3C型电力机车电气线路的分类及其作用。

项目二
分析电力机车主电路

- 电力机车主电路
  - 网侧电路
    - 作用：将25 kV单相交流电引入机车
    - 组成：受电弓、主断路器、高压接地开关、高压隔离开关、避雷器、高压电压互感器、电流互感器、接地装置
  - 主变压器
    - 作用：将25 kV单相交流电变为不同电压供机车使用
    - 组成：原边绕组、副边绕组（牵引绕组、辅助绕组、供电绕组）
  - 主变流器
    - 作用：将单相交流电经过整流、逆变，为牵引电机提供频率和幅值都可调的三相交流电
    - 组成：四象限整流器、中间直流环节、PWM逆变器
  - 牵引电机
    - 作用：机车牵引工况时，将电能转换为机械能，驱动机车运行机车电气制动工况时，将机械能转换为电能，产生电气制动力
    - 组成：定子、转子

HXD3C 型电力机车上的电路按其功能和电压等级，可以分为主电路、辅助电路、控制电路、行车安全综合信息监控系统电路和空气管路系统电路。主电路是产生牵引力和电气制动力的电路，辅助电路是为主电路正常工作提供保障的，控制电路就其功能而言是主令电路，即司机通过主令电路发出指令来间接控制机车主电路及辅助电路，以完成各种工况的操作。

本项目主要学习电力机车主电路的组成、各个部分的作用。

学习目标

1. 掌握 HXD3C 型电力机车主要技术参数。
2. 掌握和谐型交流传动电力机车主电路的组成。
3. 掌握网侧电路中电气设备的名称、作用。
4. 掌握和谐型交流传动电力机车调速原理。
5. 了解四象限整流器、PWM 逆变器工作原理。
6. 了解 HXD3C 型电力机车保护电路。

任务一　分析和谐型交流传动电力机车主电路结构

HXD3C 型电力机车电传动方式是交—直—交传动。主电路由网侧电路、主变压器、主变流器、牵引电机组成，机车通过受电弓、主断路器等高压电器将 25 kV 单相交流电送至主变压器原边，由主变压器副边绕组中 6 个独立的牵引绕组向 6 个主变流器单元 CI1～CI6 供电，主变流器单元输出频率和幅值都可调的三相交流电给牵引电机 M1～M6，驱动机车运行。

本任务主要学习和谐型交流传动电力机车主电路的结构、各个模块的作用。

1. 掌握 HXD3C 型电力机车主要技术参数。
2. 掌握和谐型交流传动电力机车主电路的结构。
3. 掌握和谐型交流传动电力机车主电路组成模块的作用。

一、HXD3C 型电力机车简介

HXD3C 型交流传动电力机车为 6 轴货运大功率交流传动电力机车，如图 2-1 所示。机车最多可以 4 台机车重联控制运行，可以在满足环境温度 −40 ℃～+40 ℃，海拔高度 2 500 m以下的条件运行。

HXD3C 型电力机车轴列式为 C_0-C_0，机车全长约 20.846 m，机车功率 7 200 kW，最大启动牵引力 570 kN，最高运行速度 120 km/h。

图 2-1　HXD3C 型电力机车

电传动系统采用交—直—交传动，主变流器采用 IGBT 水冷变流机组、1 250 kW 大转矩异步牵引电机、矢量控制技术等，具有启动(持续)牵引力大、恒功率速度范围宽、功率因数高等特点，采用微机网络控制系统，实现了逻辑控制、自诊断功能，而且实现了机车的网络重联功能。车顶高压设备只留有受电弓和避雷器，如图 2-2 所示。

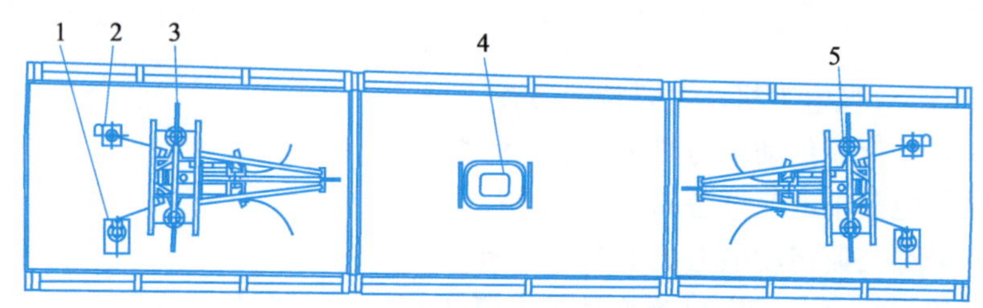

图 2-2　HXD3C 型电力机车车顶设备

1—高压绝缘护套；2—避雷器；3—受电弓；4—检修升降口；5—支承绝缘子

二、HXD3C 型电力机车技术参数

1. 工作电源

电流制：单相交流 50 Hz。

额定电压：25 kV。

(1)网压在 22.5～31.0 kV 之间时，机车能发挥额定功率。

(2)网压在 17.5～22.5 kV 和 17.2～17.5 kV 范围内，机车功率按不同斜率线性下降。网压在 17.2 kV 时功率为零。

(3)在 31～31.3 kV 范围内机车功率线性下降至零，如图 2-3所示。

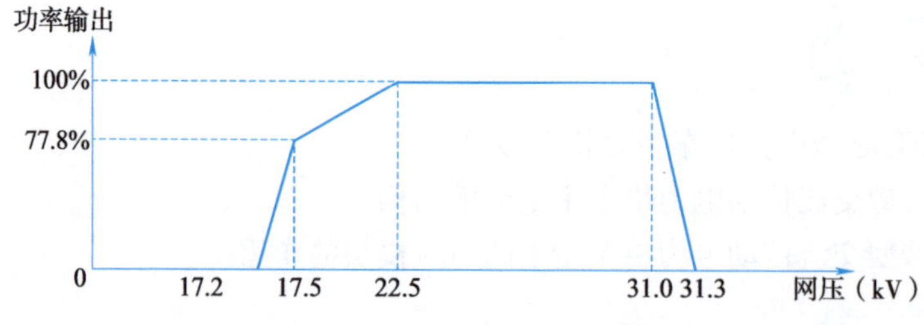

图 2-3　机车输出功率特性曲线

2. 牵引性能参数(轴重 25 t)

电传动方式	交—直—交传动
持续功率	7 200 kW
持续速度	65 km/h
最高速度	120 km/h

启动牵引力　　570 kN
持续牵引力(半磨耗轮)　　400 kN
恒功率速度范围　　65～120 km/h

3. 动力制动性能参数(轴重 25 t)

电制动方式　　再生制动
电制动功率　　7 200 kW(65～120 km/h)
最大电制动力　　400 kN(15～65 km/h)

三、和谐型交流传动电力机车电路分类

和谐型交流传动电力机车上的电路按其功能和电压等级,可以分为主电路、辅助电路、控制电路、行车安全综合信息监控系统电路和空气管路系统电路。

主电路完成电力机车电能和机械能之间的相互转换,是产生牵引力和电气制动力的电路。主要电气设备有:受电弓、主断路器、高压接地开关、主变压器、主变流器、牵引电机。

辅助电路是为机车牵引及制动系统提供保障的,包括通风、冷却系统、压缩机及空调等,辅助电路的好坏,直接关系到机车能否正常运行。

控制系统以微机控制系统(TCMS)为核心,结合目前国内现有的机车行车安全综合信息监控系统和 CCBⅡ电空制动系统,配以机车外围电路来进行设计的。主要功能是实现机车特性控制、逻辑控制、故障监视和诊断,并将有关信息送到司机操纵台上的微机显示屏。

四、HXD3C 型电力机车主电路组成

HXD3C 型电力机车主电路由网侧电路、主变压器、主变流器、牵引电机等组成,如图 2-4 所示。各模块功能及主要电气设备见表 2-1。

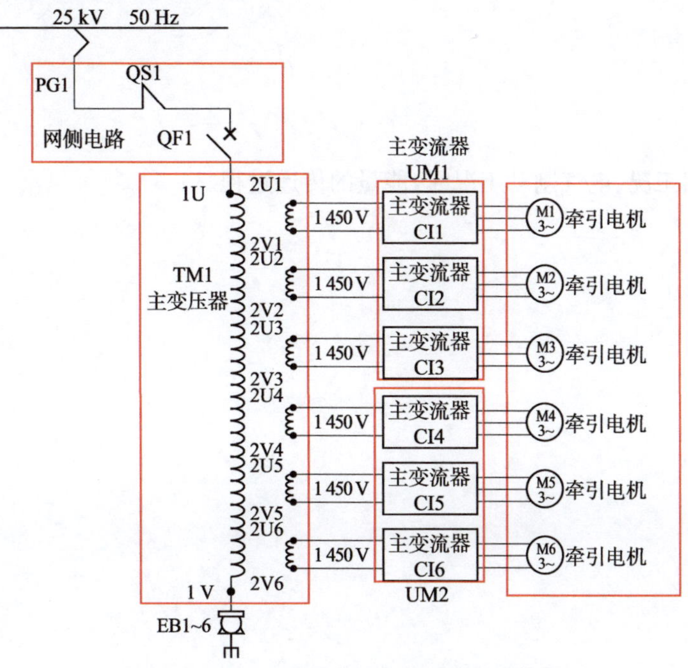

图 2-4　HXD3C 型电力机车主电路组成简图

表 2-1 主电路模块功能及主要电气设备

模 块	网侧电路	主变压器	主变流器	牵引电机
功能	将接触网 25 kV 单相交流电通过高压电气设备引入主变压器原边绕组，经轴端接地装置、钢轨，回流至变电所，并完成网侧高压回路的检测和保护功能	将 25 kV 单相交流电降压成不同等级的电压，供机车各用电设备使用。牵引时将电能送给主变流器，电气制动时将电能通过网侧电路回送至接触网	牵引时，将输入的单相交流电通过四象限整流器整流、中间直流环节、PWM 逆变器逆变，输出电压和频率可调的三相交流电给牵引电机。电气制动时将牵引电机发出的三相交流电经过 PWM 逆变器整流、中间直流环节、四象限整流器逆变，送至主变压器牵引绕组	完成电能和机械能的转换。牵引时为电动机状态，将电能转换为机械能。电气制动时为发电机状态，将机械能转换为电能
主要电气设备	受电弓、主断路器、高压隔离开关、高压接地开关、高压电压互感器、电流互感器、避雷器	原边绕组、副边绕组（6 个牵引绕组、2 个辅助绕组、2 个列车供电绕组）	6 个主变流器单元（每个单元含四象限整流器、中间直流环节、PWM 逆变器）	6 台三相鼠笼式异步电机

1. 依据图 2-4，写出网侧电流路径。

2. 写出牵引工况、电气制动工况时，能量的传递过程。

根据任务实施结果填写任务评价表 2-2。

表 2-2　任务评价表

序　号	评价项目	评价内容	分　值	得　分
1	知识点	HXD3C 型电力机车主要技术参数	10	
2		和谐型交流传动电力机车电路分类及其作用	20	
3		HXD3C 型电力机车主电路模块功能	30	
4	表达能力	表达能力强，仪态得体，逻辑严密，声音洪亮，讲解生动	20	
5	课堂表现	遵守课堂纪律，学习态度端正，积极配合教学安排	20	
小　计			100	

1. 主电路、辅助电路、控制电路的作用是什么？

2. HXD3C 型电力机车特点是什么？

3. 写出 HXD3C 型电力机车主电路功能模块的作用及其主要电气设备。

任务二　分析网侧电路

网侧电路将接触网 25 kV 单相交流电通过高压电气设备引入主变压器原边绕组，经轴端接地装置、钢轨，回流至变电所，并完成网侧高压回路的检测和保护功能。

HXD3C 型电力机车网侧电路由受电弓、高压隔离开关、主断路器、高压接地开关、避雷器、高压电流互感器、主变压器原边绕组 AX、低压电流互感器、轴端接地装置、高压电压互感器、空气自动开关、网压表、电度表等组成。

本任务主要学习网侧电路中各个电气设备的名称、作用。

1. 掌握网侧电路的电流路径。
2. 掌握网侧电路中电气设备的电气符号、名称及其作用。

一、网侧电路电流路径

接触网电流通过受电弓 PG1 或 PG2 进入机车，经过高压隔离开关 QS1 或 QS2、主断路器 QF1、穿过高压电流互感器 TA1，经 25 kV 高压电缆与主变压器 TM1 原边绕组 A 端子流入主变压器原边，电流从主变压器原边绕组 X 端子流出，再穿过低压电流互感器 TA2 后，通过 6 个并联的轴端接地装置 EB1～EB6，从轮对回流至钢轨，如图 2-5 所示。

二、网侧电路电气设备作用

1. 受电弓 PG1、PG2

受电弓是电力机车从接触网获得电能的重要电气部件，安装在机车车顶。受电弓弓头升起后使碳滑板与接触网导线接触，从接触网上集取电流，并将电流通过车顶母线传送到车内供机车使用。

HXD3C 型电力机车采用 DSA200 型气囊驱动式单臂受电弓，如图 2-6 所示，在机车Ⅰ、Ⅱ端车顶盖上各安装一台，配备有阻尼器和 ADD 自动降弓装置。正常工作风压为 340～380 kPa，升弓前首先需确定总风缸压力在 480 kPa 以上。受电弓升弓时间不小于 5.4 s，降弓时间不小于 4 s。

2. 高压隔离开关 QS1、QS2

2 台 BT25.04 型高压隔离开关，如图 2-7 所示，采用电空控制方式进行转换，在没有电源和气源的情况下，高压隔离开关维持原有状态。当一台受电弓发生故障时，可通过控制电器柜上隔离开关 SA96，将其打至对应隔离位，通过微机控制系统 TCMS 发出指令来控制相应的电空阀，实现高压隔离开关的开闭操作，切除故障受电弓，使用另一台受电弓维持机车正常运行，减少机破，提高机车运用可靠性。

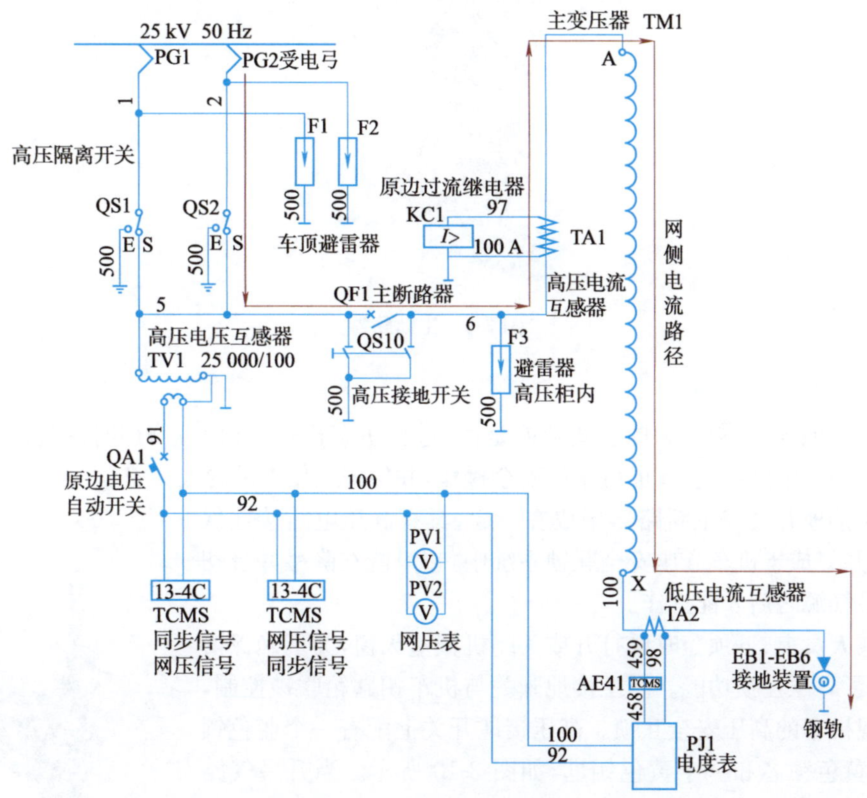

图 2-5　网侧电路电流路径

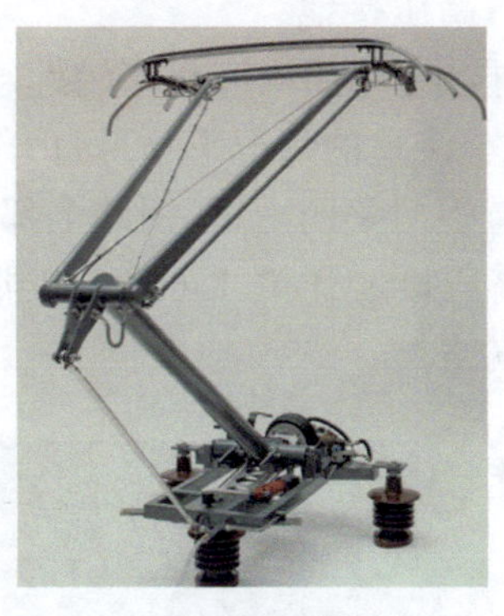

图 2-6　DSA200 型受电弓

图 2-7　高压隔离开关

3. 主断路器 QF1

主断路器(图 2-8)采用真空断路器，其工作压力为 450 kPa。它除作为接通和开断机车的总电源外，当机车电路发生短路、过流、接地等故障时，起最后一级保护作用。

主断路器是电力机车的总开关和总保护。其作用如下：

(1)控制作用。根据机车运行的需要，将交流高压电引入机车或断开。

(2)保护作用。当机车发生故障时快速切除交流高压电源，使故障范围尽量缩小。

图 2-8　主断路器

4. 高压接地开关 QS10

高压接地开关(图 2-9)的主要功能是:当进行机车检查、维护或修理时,把机车主断路器两侧的高压电路接地,保证机车的安全操作,并保证工作人员的人身安全。

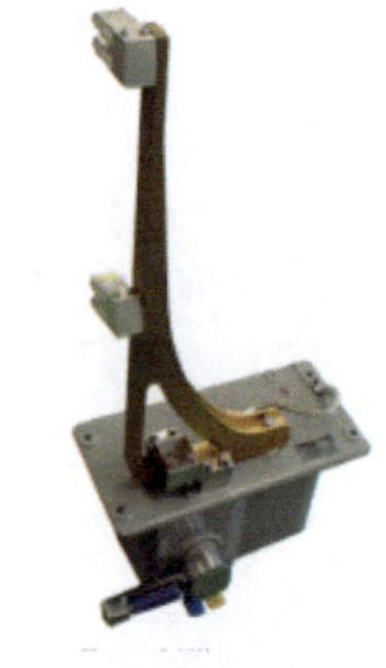

图 2-9　高压接地开关

高压接地开关与主断路器集成在一起,具有高压电路接地保护功能,并集成于机车高压安全联锁系统中,它只能在降弓并且切断受电弓气源之后才能操作。

司乘人员上、下顶盖时要打开或关闭机械室天窗,为了确保安全,设置了高压互锁功能。高压接地开关与机车钥匙箱联锁控制,可以实现机车的高压安全互锁。高压接地开关上配有一个蓝色锁芯、一个黄色锁芯和一个黄色钥匙,如图 2-10 所示。当升弓气路阀关闭时,蓝色钥匙(位于空气管路柜内)才能拔出,待其插入到高压接地开关后,高压接地开关才可以打至接地位,此时主断路器的两端及高压隔离开关通过高压接地开关与车体地相连;高压接地开关上的黄色钥匙只有当接地开关打至接地位时才能拔出,并插入到机车钥匙箱,使钥匙箱上的其他钥匙解除联锁,从而确保只有在网侧回路完全接地的情况下才可打开机车的其他电器柜门,实现高压安全互锁。反之亦然,只有当所有柜门关闭上锁,钥匙全部插入机车钥匙箱,黄色钥匙才可拔出,插入到高压接地开关上,高压接地开关才可打至正常运行位,此时蓝色钥匙才可拔出,并插入升弓气路阀,开启升弓气路。

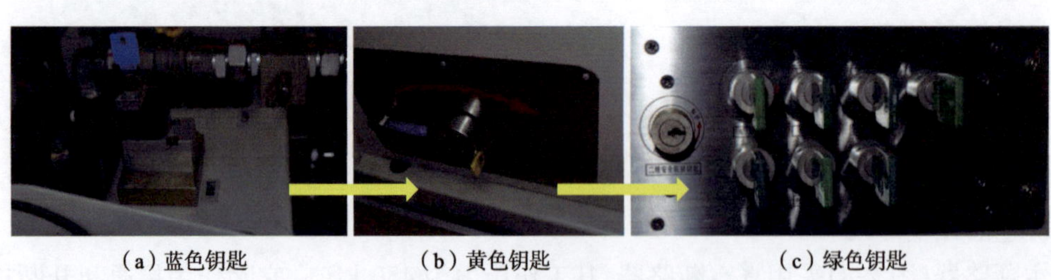

(a) 蓝色钥匙　　(b) 黄色钥匙　　(c) 绿色钥匙

图 2-10　高压接地开关钥匙联锁

5. 避雷器 F1、F2、F3

避雷器 F1 和 F2 属于车顶避雷器,接于受电弓 PG1 或 PG2 和高压隔离开关 QS1 或

QS2 之间，可以抑制机车外部的雷击过电压和电网过电压，保护车顶和车内的高压电器。避雷器 F3 属于车内避雷器，接于主断路器 QF1 和高压电流互感器 TA1 之间，用以抑制主断路器断开、闭合时产生的操作过电压，避免对机车内部的控制电器产生过电压侵害。车顶避雷器 F1、F2 的持续额定工作电压低于车内避雷器 F3 的持续额定工作电压，从而确保机车外部的雷击过电压和电网过电压在车顶上就被抑制，避免进入车内造成危害。

过电压分为外部过电压和内部过电压。外部过电压又称大气过电压或雷击过电压。内部过电压分为操作过电压和换相过电压。操作过电压是由于正常操作引起的。电气系统中许多电气设备都是储能元件，在电路开断过程中，储存在电感中的磁能和储存在电容中的静电场能量（电能）发生了转换、过渡的振荡过程，由振荡而引起的过电压，称为操作过电压。换相过电压存在于变流电路中，用阻容吸收装置或非线性电阻进行保护。

6. 高压电流互感器 TA1

高压电流互感器 TA1 主要用作网侧电路短路电流的检测，是保护用互感器，用以驱动原边过电流继电器 KC1，因而对其饱和度有较高要求，对其检测精度要求比低压电流互感器低。原边电流的保护值为 800 A，对应副边电流为 10 A，此时 KC1 动作。

7. 高压电压互感器 TV1

高压电压互感器 TV1 接在主断路器 QF1 之前，为干式高压电压互感器。高压电压互感器原边通过受电弓与接触网连接，检测机车所在位置接触网电压。高压电压互感器变比为 25 000 V/100 V，其副边通过保护用自动开关 QA1 将信号输出。

高压电压互感器的作用如下：

（1）提供网压信号，使司机在升弓后就能观察到网压信号，同时也为机车的主变流器提供同步信号，使得主变流器能正常工作。

（2）该信号也连接电度表，使得司机能充分了解机车的能耗情况。

8. 低压电流互感器 TA2

低压电流互感器 TA2 是为电度表的计量提供电流输入，为机车微机控制系统提供原边电流信号，用于原边电流显示，属于测量用互感器，要求有较高的测量精度。

9. 电度表 PJ1

机车装有一块电度表 PJ1，通过采集高压电压互感器 TV1 和低压电流互感器 TA2 提供的电压和电流信号来实现机车牵引、再生电能的计量。电度表设有屏显窗口和切换按钮，通过按钮切换，可显示当前的正向有功、反向有功、正向无功、反向无功电流和电压，有功功率，无功功率，功率因数和频率。

10. 轴端接地装置 EB1～EB6

轴端接地装置（接地电刷）保证了网侧电流向钢轨回流的同时，保护了机车轮对轴承不受电腐蚀，以及机车的可靠接地。

1. 画出图 2-11HXD3C 型电力机车网侧电路的电流路径。

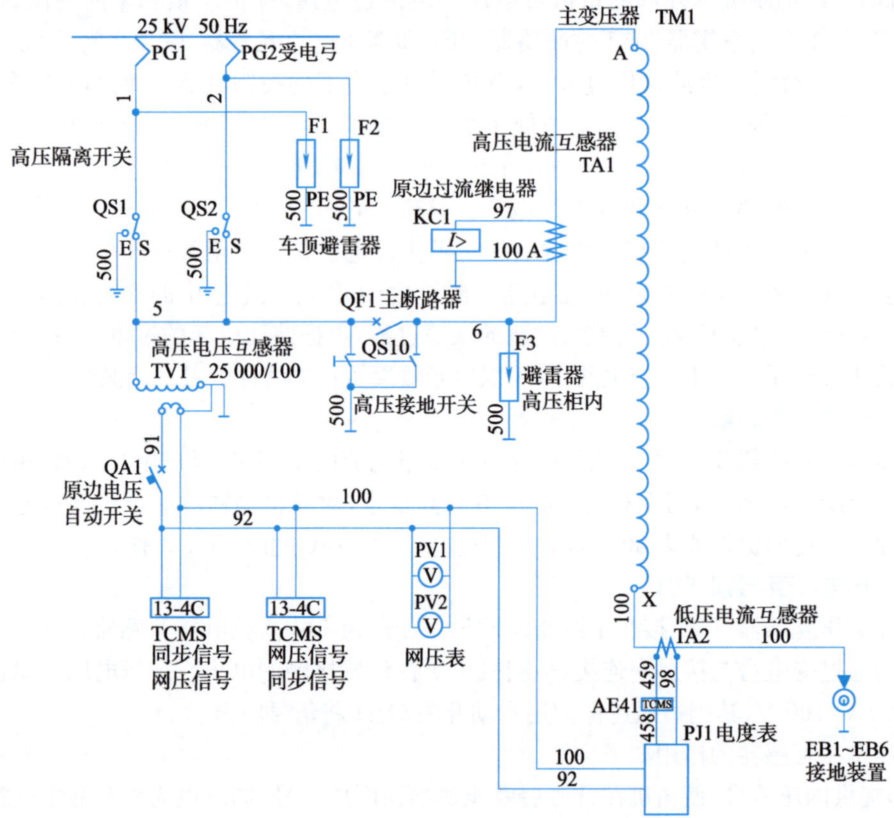

图 2-11 HXD3C 型电力机车网侧电路

2. 写出 HXD3C 型电力机车车顶电气设备的名称。

3. HXD3C 型电力机车有哪些网侧检测电气设备?

4. 在表 2-3 中填写 HXD3C 型电力机车网侧电路中各设备的代号、作用和数量。

表 2-3　网侧电路设备代号、作用和数量

名　称	代　号	作　用	数　量
受电弓			
高压隔离开关			
高压电压互感器			
主断路器			
避雷器			
高压电流互感器			
主变压器			
电压电流互感器			
轴端接地装置			
高压接地开关			
电度表			
网压表			
原边过电流继电器			

5. 什么是操作过电压？

6. HXD3C 型电力机车如何实现高压电气互锁功能？

根据任务实施结果填写任务评价表 2-4。

表 2-4　任务评价表

序　号	评价项目	评价内容	分　值	得　分
1	知识点	网侧电路电流路径	10	
2		网侧电路各电气设备作用	30	
3		网侧电路高压安全互锁功能	20	
4	表达能力	仪态得体，逻辑严密，声音洪亮，讲解生动	20	
5	课堂表现	遵守课堂纪律，学习态度端正，积极配合教学安排	20	
小　计			100	

一、填空题

1. 和谐型交流传动电力机车受电弓内装有____________装置，当弓网故障时，可自动降弓保护。

2. 当机车某一台受电弓发生故障时，可通过控制电器柜上的转换开关SA96，将其打至对应____________，以切除故障受电弓。

3. HXD3C型电力机车每台机车上设置两个高压隔离开关，将____________与高压回路连通或断开。

4. 和谐型交流传动电力机车通过设置高压接地开关，来实现机车的高压安全____________。

5. HXD3C型电力机车避雷器F3用以抑制____________过电压。

6. 轴端接地装置是一个用于实现网侧电路从电网到钢轨回路作用并且是轴向运行的滑行触头，其也用于机车____________保护。

7. HXD3C型电力机车接地装置的作用是保护机车轮对轴承不受____________。

二、选择题

1. DSA200型受电弓内装有降弓装置，当弓网故障时，可(　　)降弓保护。

A. 自动　　B. 半自动　　C. 手动

2. 受电弓1异常时，应将转换开关置于(　　)位置。

A. “1隔离”　　B. “2隔离”　　C. 0

3. 在没有电源和气源的情况下，高压隔离开关(　　)状态。

A. 维持原有　　B. 自动处于开放　　C. 自动处于关闭

4. (　　)为主变流器控制提供同步信号、为原边电压的检测和电度表的计量提供电压输入信号的电器。

A. TV　　B. TA1　　C. TA2

5. HXD3C型电力机车有(　　)个并联的回流装置EB1～EB6，从轮对回流至钢轨。

A. 2　　B. 4　　C. 6

6. 以下哪项属于HXD3C型电力机车网侧电路(　　)。

A. 主变流器　　B. 低压电流互感器TA2　　C. 主变压器副边绕组

三、判断题

1. 高压隔离开关用来隔离故障受电弓，以免影响机车运行。(　　)

2. 主断路器在主电路发生过流、接地、零压等故障时，须手动断开主断路器。(　　)

3. 高压接地开关的主要功能是：当进行机车检查、维护或修理时，把主断路器两侧电路接地。(　　)

4. HXD3C型电力机车回流装置保证网侧向钢轨的回流作用，同时保护机车轮对轴承不受电蚀，保证机车可靠接地。(　　)

5. 智能型电度表通过采集原边低压电流互感器TA2和高压电压互感器TV1提供的电流和电压信号来实现机车牵引、再生电能的计量。(　　)

6. HXD3C型电力机车电度表既可查询近期每天的电能消耗及能量的反馈，还可查询当时的原边电压、电流及功率因数等。(　　)

任务三　分析主变压器电路

变压器是用电磁感应原理变换交流电压、交流电流和阻抗的一种静止电气设备。变压器就其用途可分为电力变压器、试验变压器、仪用变压器及特殊用途的变压器。按相数分为单相变压器、三相变压器。按冷却方式分为干式变压器、油浸式变压器。

HXD3C 型电力机车的主变压器是单相油浸式变压器，其作用是将接触网 25 kV 单相交流电变换为电力机车所需的各种电压，以满足电力机车工作的需要，冷却方式为强迫导向油循环风冷。

本任务主要学习变压器的基本原理，主变压器的作用及其绕组分布。

1. 掌握变压器的基本工作原理。
2. 掌握主变压器的作用。
3. 掌握主变压器绕组分布。
4. 了解主变压器的保护。

一、变压器工作原理

变压器是利用电磁感应原理制成的静止电气设备。当变压器的原边绕组接在交流电源上，铁芯中便产生交变磁场。原边绕组、副边绕组中的磁通是相同的，由法拉第电磁感应定律可知，原边绕组感应电动势为

$$e_1 = -N_1 \frac{\mathrm{d}\Phi}{\mathrm{d}t}$$

副边绕组感应电动势为

$$e_2 = -N_2 \frac{\mathrm{d}\Phi}{\mathrm{d}t}$$

式中，N_1、N_2 为原边绕组、副边绕组的匝数。

变压器的变比为

$$K = \frac{U_1}{U_2} \approx \frac{-E_1}{-E_2} = \frac{N_1}{N_2}$$

变压器基本原理如图 2-12 所示。

二、主变压器的作用

HXD3C 型电力机车采用 JQFP2－9006/25(DL)型主变压器，它将接触网 25 kV 单相交流电变换为电力机车所需的各种电压，以满足电力机车工作的需要，采用下悬式安装，强迫

导向油循环风冷方式。

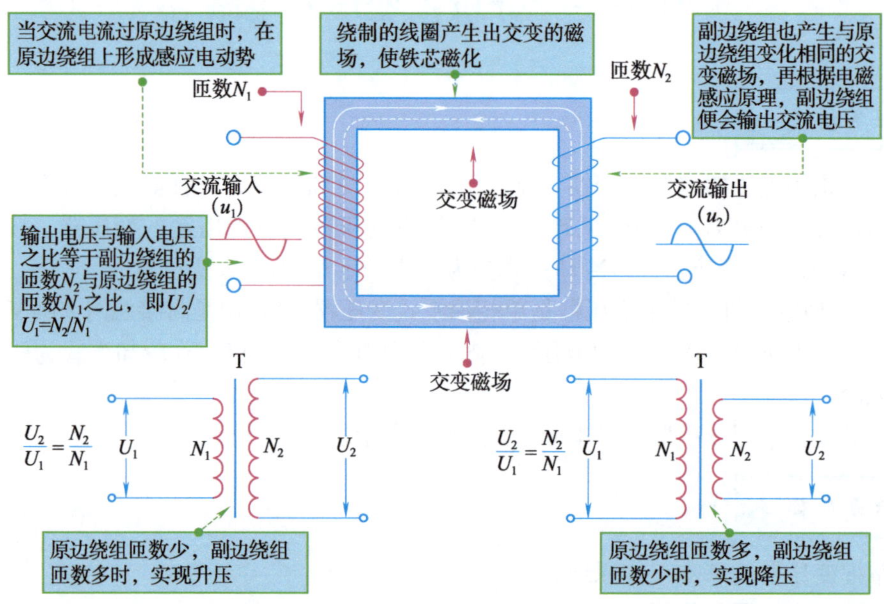

图 2-12　变压器工作原理

主变压器有 6 个 1 450 V 牵引绕组(a1－x1～a6－x6)分别用于 2 组主变流器(6 个主变流器单元)的供电，2 个 399 V 辅助绕组(a7－x7～a8－x8)分别用于 2 个辅助变流器的供电，2 个 860 V 供电绕组(a9－x9～a10－x10)用于 DC 600 V 列车供电柜的供电(仅客运方案)。主变压器绕组分布如图 2-13 所示。

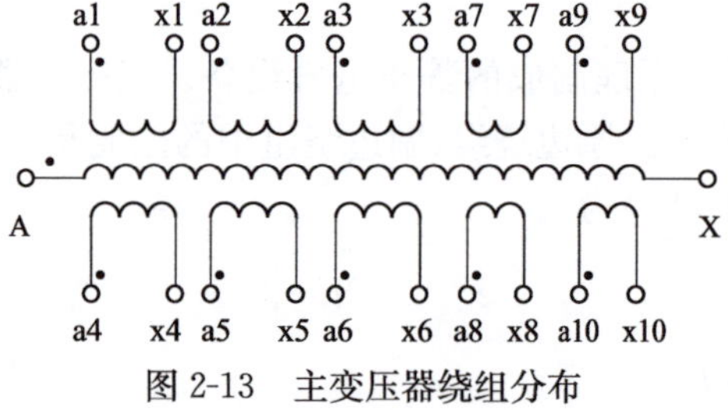

图 2-13　主变压器绕组分布

三、主变压器的冷却

主变压器采用强迫导向油循环风冷，冷却系统如图 2-14 所示。

由于车体空间的限制，主变压器与冷却装置分开布置。变压器油冷却分为 2 路，与 2 组变流器的 2 个水冷却器，组成 2 个复合冷却器。主变流器水冷却器在上部，主变压器油冷却器在下部，复合冷却器通风机由上向下进行通风冷却，首先冷却变流器，再冷却变压器。

四、主变压器的保护

主变压器具有油温检测功能，设有 1 个温度继电器 KP52，检测油路的油温。当主变压器的油温超过 100 ℃时，温度继电器动作，主变流器封锁，停止输出功率。

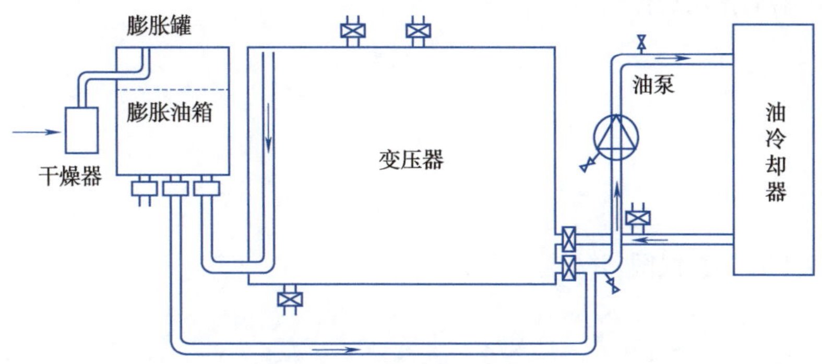

图 2-14　主变压器冷却系统

主变压器具有两路油循环冷却支路，各设有一个油流继电器 KP49、KP50 对油流情况进行监测，如图 2-15 所示。如果一个油流继电器检测到无油循环，则该冷却支路对应的 3 个主变流器单元和 1 组辅助变流器禁止功率输出，机车的牵引功率下降 50%。如果两个油流继电器都检测到无油循环，则断开主断路器。

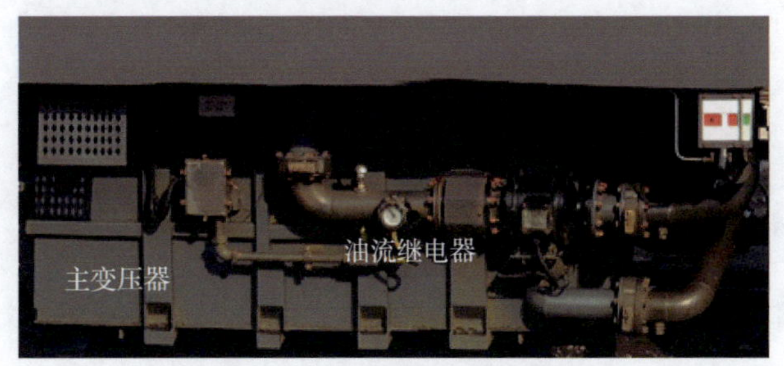

图 2-15　主变压器油流继电器

压力释放阀的作用是当变压器油箱内部因某种故障而使压力急剧增大，其压力达到标定值时，压力释放阀能迅速开启释放，从而防止变压器油箱破裂或爆炸，从压力释放阀排出的气体和油流排到容器外，当恢复正常时，阀口关闭。HXD$_{3C}$ 型电力机车主变压器安装有压力释放阀 KP62，当主变压器内部压力达到(95±15) kPa 时，压力释放阀动作，释放压力，同时在微机显示屏上显示。

1. 写出变压器的工作原理。

2. 主变压器的作用是什么?

3. 绘制主变压器接线图,并标注电压。

4. 列表总结主变压器的保护功能。

根据任务实施结果填写任务评价表 2-5。

表 2-5　任务评价表

序　号	评价项目	评价内容	分　值	得　分
1	知识点	变压器基本工作原理	20	
2		主变压器的作用	10	
3		HXD_{3C} 型电力机车主变压器绕组分布	10	
4		HXD_{3C} 型电力机车主变压器保护	20	
5	表达能力	仪态得体,逻辑严密,声音洪亮,讲解生动	20	
6	课堂表现	遵守课堂纪律,学习态度端正,积极配合教学安排	20	
小　计			100	

一、填空题

1. 变压器是根据________________原理制成的一种能把交流电从一个电压值转换为另一个不同电压值的静止电器。

2. 主变压器设有____________个潜油泵,强迫变压器油进行循环冷却。

3. 和谐型交流传动电力机车变压器具有高阻抗、重量轻等特点,并采用强迫导向油循

____________技术。

4. HXD3C 型电力机车主变压器内设有____________，对主变压器的温度进行检测和保护。

二、选择题

1. HXD3C 型电力机车主变压器的（　　）个 1 450 V 牵引绕组分别用于两组主变流器的供电。

A. 2　　B. 4　　C. 6

2. HXD3C 型电力机车主变压器（　　）个 399 V 辅助绕组分别用于辅助变流器的供电。

A. 1　　B. 2　　C. 4

3. 主变压器油温达到（　　）℃时，油温继电器触点闭合。

A. 75　　B. 90　　C. 100

任务四　分析主变流器

HXD3C 型电力机车每台机车装有两组主变流器（UM1、UM2），每组主变流器装置内含有 3 个主变流器单元。6 个主变流器单元（CI1～CI6）由主变压器的 6 个牵引绕组（a1—x1～a6—x6）供电，6 个主变流器单元再分别给 6 台牵引电机 M1～M6 提供频率和幅值均可调的三相交流电。

HXD3C 型电力机车通过微机控制系统 TCMS 对主变流器的控制，实现电力机车的变压变频调速与电气制动，实现机车的特性控制、定速控制、防空转控制、防滑行控制、轴重转移补偿控制。

本任务主要学习主变流器单元各部分的作用，逆变的基本原理。

1. 掌握 HXD3C 型电力机车主变流器单元的组成。
2. 掌握 HXD3C 型电力机车四象限整流器的特点及作用。
3. 了解逆变原理。
4. 了解 PWM 控制原理。
3. 掌握 HXD3C 型电力机车 PWM 逆变器的作用。

一、IGBT 介绍

IGBT（绝缘栅双极晶体管）是由 BJT（双极性三极管）和 MOSFET（绝缘栅型场效应管）组成的复合全控型电压驱动式功率半导体器件，如图 2-16 所示。IGBT 三个极的分别是：G 门极（栅极、控制极）、C 集电极（漏极）、E 发射极（源极）。

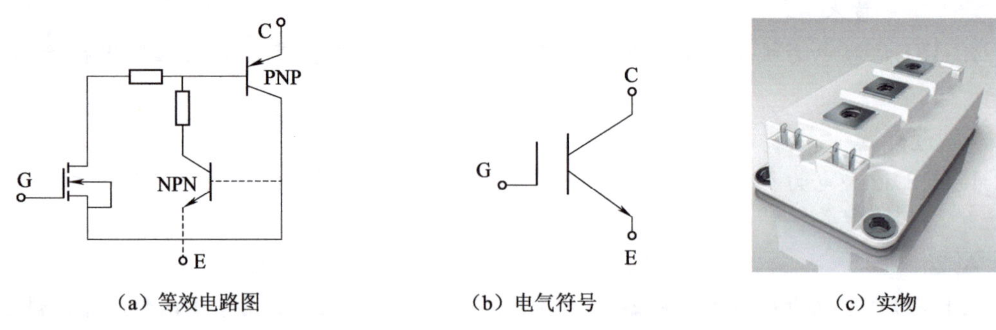

（a）等效电路图　　（b）电气符号　　（c）实物

图 2-16　IGBT 原理示意图及实物图

IGBT 是一种大功率电力电子开关器件，导通时可以看做开关闭合，断开时可以看做开关断开。IGBT 的特点是：高电压、大电流、高速，是电力电子领域非常理想的开关器件。

IGBT 的开通和关断由门极-发射极电压 U_{GE} 控制。当 U_{GE} 正向且大于开启电压 U_{GE}(th)时，MOSFET 内部形成沟道，并为 PNP 晶体管提供基极电流，IGBT 导通，相当于开关闭合。在门极加零或负电压时，MOSFET 内的沟道消失，PNP 晶体管中的基极电流被切断，IGBT 关断，相当于开关断开。

二、主变流器单元

6 个主变流器单元的主电路和控制电路相对独立，分别为 6 发牵引供电机供电。当其中一个或多个发生故障时，可通过 TCMS 微机显示屏，利用触摸开关将故障的主变流器单元切除，剩余单元仍可继续工作，实现整车的冗余控制。

每个主变流器单元由预充电单元、四象限整流器、中间直流环节、PWM 逆变器组成。以主变流器单元 6 为例，主变流器单元有以下电气设备：充电接触器 AK1、工作接触器 K1、充电电阻（CHR）、输入电流互感器（ACCT1）、四象限整流器（CV1）、中间直流环节、PWM 逆变器（IV1）、输出电流互感器（CTU1、CTW1）等组成，如图 2-17 所示。

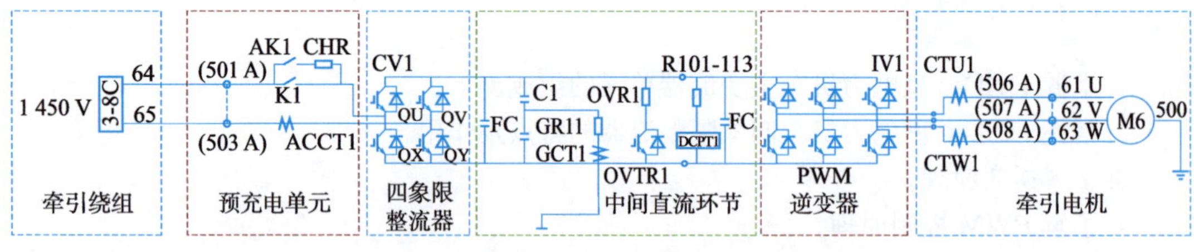

图 2-17　主变流器单元结构

1. 预充电单元

当主变流器单元中间直流环节中的支撑电容电压为零时，主变压器牵引绕组通过充电接触器 AK1、充电电阻向四象限整流器供电，给支撑电容充电。充电电阻的作用是限制充电电流。

当中间直流环节电压达到 2 000 V 时，充电接触器 AK1 断开，切除充电电阻，中间电路预充电完成。

在逆变器工作之前，工作接触器 K1 闭合，牵引绕组迅速向中间直流环节支撑电容充电，直至 2 800 V。此时，主变流器启动充电过程完成，逆变器可以投入工作。

2. 四象限整流器

四象限整流器是一个脉宽调制变流器，它将电源的交流电压，通过脉冲宽度控制，控制中间直流环节电压的幅值和流入变流器的交流电流相位，使交流电流的波形尽量接近正弦，使得交流侧的基波电压和基波电流的相位差接近于 0，这样既限制了谐波电流分量，又提高了机车功率因数，可使整流器的功率因数接近于 1.0。此外它能很方便地工作在整流和逆变的四个象限，不仅可以工作在整流状态也可以工作在逆变状态。即不仅用于牵引也可以用于再生制动，把列车的机械能变为电能反馈到电网中去，且动态响应速度比较快，系统稳定性比较好。

四象限整流器的用途是将来自主变压器的单相交流输入电压转换为直流电压以供给中间直流环节。四象限整流器(4QC)这一术语表示的是在牵引工况以及制动工况下，电压 U_{ST} 和电流 I_N 间的相位角是完全可调节的。通过对电压和电流间的相位角的控制，能够获得全部四个操作的象限见表 2-6。

表 2-6　四象限整流器工作状态

参　　数	第一象限	第二象限	第三象限	第四象限
四象限整流器工作状态	整流	逆变	整流	逆变
电压 U_{ST}	正值	负值	负值	正值
电流 I_N	正值	正值	负值	负值
功率	正值	负值	正值	负值
能量传递	交流侧向直流侧	直流侧向交流侧	交流侧向直流侧	直流侧向交流侧

四象限整流器具有以下优点：

(1)能量可以双向流动。

(2)从电网侧吸收的电流为正弦波。

(3)功率因数可达到 1。

(4)减低了接触网的等效干扰电流，减少对通信的干扰。

(5)可以保证中间回路直流电压在允许偏差内。

3. 中间直流环节

中间直流环节是四象限整流器和 PWM 逆变器之间的中间环节。

HXD3C 型电力机车 PWM 逆变器是电压型逆变器，为了稳定中间直流电压，并联了大容量的支撑电容，同时它还对四象限整流器和 PWM 逆变器产生的高次谐波电流进行滤波。

中间直流环节主要由中间电压支撑电容、瞬时过电压限制电路和主接地保护电路组成。取消了二次滤波电路，通过逆变器的软件控制，来消除二次谐波电压的影响，大幅度抑制牵引电机电流脉动现象和转矩脉动现象。

中间直流环节作用如下：

(1)在四象限整流器和 PWM 逆变器之间实现瞬时功率平衡。

(2)支撑电容向牵引电机提供基波无功功率和高次谐波的通路。

(3)变流器换流能力直接受中间直流环节电压的影响，逆变器的调制电压质量也取决于其平衡程度，因此对它要求较高。

瞬时过电压限制电路由 IGBT 和限流电阻组成。

主接地保护电路由跨接在中间直流环节的两个串联电容和一个接地信号传感器组成。每组主变流器含有三套独立的接地保护电路，可以分别对三个主变流器单元进行接地监测和保护。接地检测信息送至 TCMS，可以实现故障显示。

4. PWM 逆变器

(1)单相桥式逆变电路

无源逆变电路，是把直流电能变换为交流电能后，直接向非电源负载供电的电路。无源逆变电路广泛应用于交流电机的变频调速及各种需要严格的频率和波形的负载。

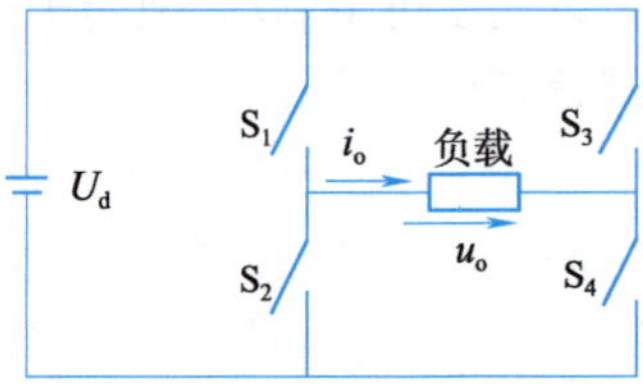

典型的单相桥式逆变电路结构如图 2-18 示。电路由开关 $S_1 \sim S_4$ 构成桥式电路，S_1、S_2 构成一个桥臂，S_3、S_4 构成另一个桥臂，形成两桥臂结构。

图 2-18　单相桥式逆变电路

当 S_1、S_4 闭合，S_2、S_3 断开，负载电压 $u_o = U_d$ 。

当 S_2、S_3 闭合，S_1、S_4 断开，负载电压 $u_o = -U_d$ 。

控制四个开关的通断时间，就能在负载上得到一个周期性的交流电，如图 2-19 所示。改变开关切换周期，可改变输出交流电频率。

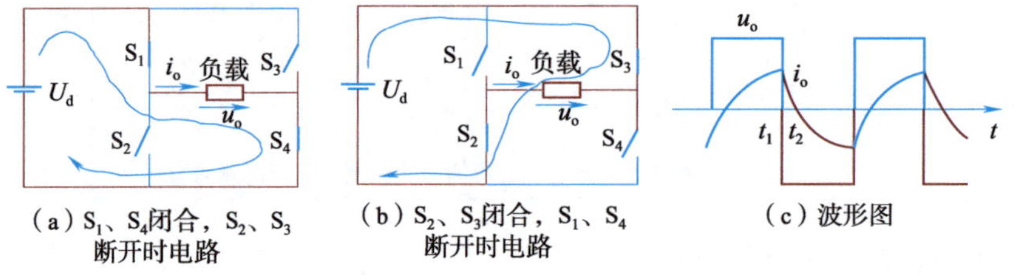

(a) S_1、S_4闭合，S_2、S_3断开时电路　(b) S_2、S_3闭合，S_1、S_4断开时电路　(c) 波形图

图 2-19　单相逆变电路工作原理图(感性负载)

(2)电压型三相桥式逆变电路

电压型三相桥式逆变电路，如图 2-20 所示。开关管采用全控型器件 IGBT，VD1～VD6 为续流二极管。当对波形有较高要求时，采用多重叠加或 PWM 控制方法，以抑制高次谐波。

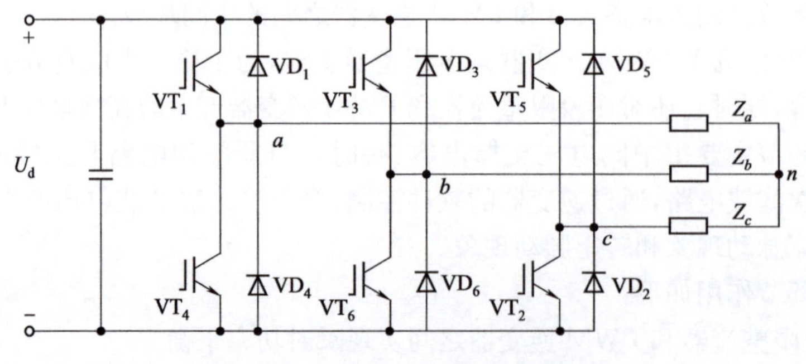

图 2-20　电压型三相桥式逆变电路

根据各开关管导通时间的长短，该电路可分180°导电型和120°导电型，其中常用的为180°导电型。

180°导电型中，每个IGBT门极驱动信号持续180°，同一相上下两个IGBT交替导通，在任何时刻都有三个IGBT导通。在一个周期内，6个IGBT导通的次序为VT1—VT6，依次相隔60°，导通的组合顺序为：VT1/VT2/VT3、VT2/VT3/VT4、VT3/VT4/VT5、VT4/VT5/VT6、VT5/VT6/VT1、VT6/VT1/VT2，每种组合工作60°电角度。输出电压波形如图2-21所示。

改变IGBT的触发频率或者触发顺序，则能改变输出电压的频率及相序，从而可实现三相电动机的变频调速与正反转控制。

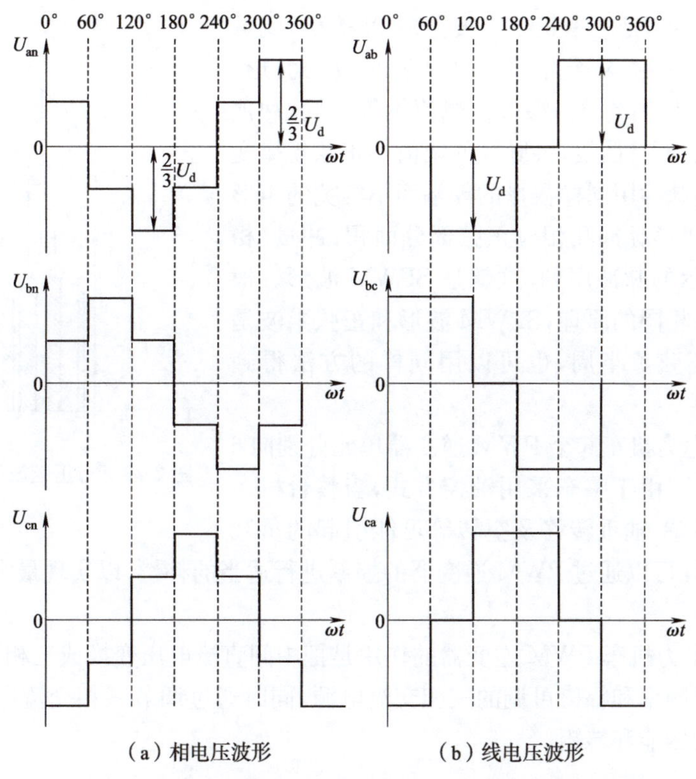

（a）相电压波形　　（b）线电压波形

图2-21　180°导通型三相桥式逆变电路的输出电压波形

（3）PWM控制的基本原理

为使逆变器输出电压波形趋于正弦波，可以采用多重逆变或脉冲宽度调制的方法。脉冲宽度调制简称脉宽调制（PWM），PWM技术就是在所需的频率周期内，将直流电压调制成等幅不等宽的系列交流输出电压脉冲，以达到控制频率、电压、电流和抑制谐波的目的。它是通过控制半导体功率开关器件的导通和关断时间比，调节脉冲宽度或周期来控制输出电压的一种控制技术。脉宽控制技术应用于逆变器，即可以控制逆变器输出电压的频率，又可以控制输出电压的波形及基波幅值。

在采样控制理论中有一个重要结论：冲量（脉冲面积）相等而形状不同的窄脉冲（图2-22）加在具有惯性的环节上时，其输出响应基本相同。即是说，对于两个不同的窄脉冲，如果它们的面积相等，则将它们分别加在相同的惯性环节上，如 R-L 电路，则有相同的输出波形。我们称之为面积等效原理。它是 PWM 控制技术的重要基础。

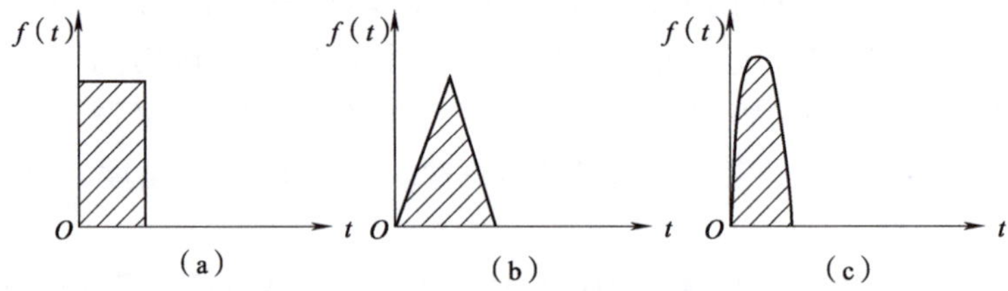

图 2-22　形状不同而冲量相同的脉冲

如图 2-23 所示，把一个正弦半波分成 N 等份，就可以把正弦半波看成由 N 个相连的脉冲所组成的波形。这些脉冲宽度相等，都等于 π/N；但幅值不等，且脉冲顶部不是水平直线，而是曲线，各脉冲的幅值按正弦规律变化。如果把上述脉冲用同样数量的等幅而不等宽的矩形脉冲序列代替，矩形脉冲和相应正弦部分面积（冲量）相等，就得到图所示的脉冲序列，这就是 SPWM 波形。根据冲量相等效果相同的原理，SPWM 波形和正弦半波是等效的。对于正弦负半周，也可以用同样的方法得到 SPWM 波形。

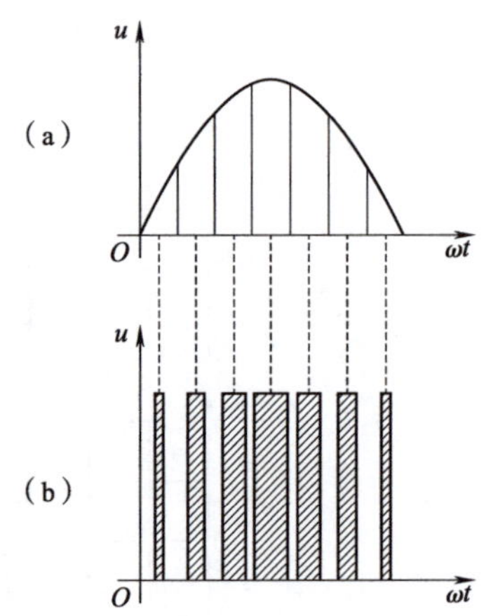

图 2-23　与正弦波等效的 SPWM

HXD3C 型电力机车 6 个 PWM 逆变器单元分别向 6 台牵引电机供电。由于整车采用轴控方式，当整台机车的 6 个轴的轮径差、轴重转移及空转等可能引起的负载分配不均匀时，均可以通过 PWM 逆变器的控制进行适当的补偿，以实现最大限度地发挥机车牵引力。

HXD3C 型电力机车 PWM 逆变器的作用是把中间直流电压变换成三相交流电压，为异步牵引电机提供频率和幅值可调的三相交流电源，同时通过调节三相交流电输出电压波形控制牵引电机的磁能和转矩。

1. 什么是整流？什么是逆变？

2. 画出 IGBT 电气符号。写出 IGBT 导通和关断条件。

3. 画出主变流器单元的组成框图，并简要标注各部分作用。

4. 画出单相桥式逆变电路原理图，并简述其工作原理。

根据任务实施完成情况填写任务评价表 2-7。

表 2-7　任务评价表

序　号	评价项目	评价内容	分　值	得　分
1	知识点	HXD3C 型电力机车主变流器的作用	10	
2		HXD3C 型电力机车主变流器单元原理框图	30	
3		逆变电路工作原理	10	
4		PWM 原理	10	
5	表达能力	仪态得体，逻辑严密，声音洪亮，讲解生动	20	
6	课堂表现	遵守课堂纪律，学习态度端正，积极配合教学安排	20	
小　计			100	

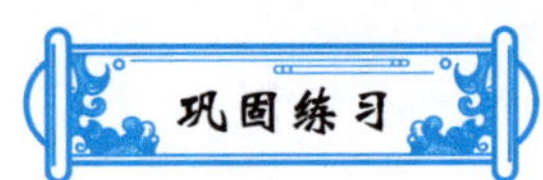

一、填空题

1. 每台机车装有两组主变流装置，每组主变流装置内含有____________个主变流器单元。

2. 和谐型交流传动电力机车主变流器采用____________冷却方式。

3. HXD3C 型电力机车的逆变器是由 IGBT 元件组成的____________逆变单元。

二、选择题

1. 为提高装置小型化及冷却性能，主变流器采用强制循环(　　)冷方式。

A. 水　　B. 油　　C. 油水

2. 每台机车装有(　　)组变流装置，每台变流装置内含有 3 个变流器单元和 1 组辅助变流器。

A. 一　　B. 二　　C. 三

3. HXD3C 型电力机车每个变流器单元分别有(　　)个接触器。

A. 1　　B. 2　　C. 3

三、判断题

1. HXD3C 型电力机车主变流器输出的是恒压恒频三相交流电。(　　)

2. 当中间直流环节电压达到 2 800 V 时，充电接触器 AK1 断开。(　　)

四、简答题

1. 简述四象限整流器的作用。

2. 简述 HXD3C 型电力机车 PWM 逆变器的作用。

3. 简述四象限整流器有哪些优点。

任务五　分析牵引电机调速原理

电力机车牵引列车运行中，根据运行条件，对机车的运行速度进行控制和调节。调速的目的是充分发挥机车的功率，提高运输能力，完成运输任务。列车在线路上由于线路状态、坡度、曲线、牵引重量不同，遇有临时线路施工、进出站等需要缓行或停车的情况，速度变化范围较大，要求电力机车具备良好调速性能，以满足运行需要。

牵引电机的转矩通过齿轮箱带动轮对，作用于钢轨，产生牵引力。所以对牵引电机的调速就是对机车的调速，对牵引电机工作状态的控制可以实现机车牵引工况与制动工况的控制。

本任务主要学习三相鼠笼式异步电动机的调速方法，牵引电机的作用，电机可逆性原理。

1. 掌握三相异步电动机调速原理。
2. 掌握变压变频调速原理。
3. 掌握电机的可逆性原理。
4. 掌握牵引电机的作用。
5. 掌握再生制动原理。

一、牵引电机的调速

三相异步电动机转速为

$$n = n_1(1-s) = \frac{60f}{p}(1-s) \approx \frac{60f}{p}$$

式中 n——三相异步电动机转速；

n_1——同步转速(旋转磁场转速)；

s——转差率，HXD3C 型电力机车牵引电机的转差率为 1.4%；

f——供电频率；

p——极对数。

由三相异步电动机转速公式可知，通过改变供电频率、极对数、转差率可以改变三相异步电动机转速。在电力机车上通常采用改变供电频率的方法来改变三相异步电动机转速，即变频调速。

三相异步电动机定子绕组相电压公式为

$$U \approx E = 4.44K \cdot N \cdot \Phi \cdot f = (4.44 \cdot K \cdot N)\Phi \cdot f$$

式中 U——定子绕组相电压；

E——定子绕组感应电动势；

K——绕组因数；

N——每相绕组的串联匝数；

Φ——磁通量；

f——频率。

根据三相异步电动机转速公式和三相异步电动机定子绕组相电压公式可知：改变定子频率即可改变电机转速，随着定子频率的增加，电机转速相应增加。如果电压不增加，将导致电机磁场减弱。另一方面，低频启动时，如果电压很高，将导致电机磁通过分饱和。因此三相鼠笼式异步电动机变频调速时，电压也应在一定范围内保持一定比例的变化。所以三相牵引电机要采用变频变压调速。

PWM 逆变器采用矢量控制技术，能迅速将牵引电机的输出转矩控制在目标值，提高了防空转能力。矢量控制通过对定子电流的励磁分量和转矩分量的控制，达到分别控制牵引电机的磁能和转矩，实现牵引电机的快速响应。

二、电机的可逆性

不论直流电机还是交流电机都有可逆性。所谓可逆性，就是同一电机既可以作为发电机工作，又可以作为电动机工作。

电机是机械能、电能互相转换的设备，这个能量相互转换的过程是以电磁感应规律为依据的，只是在不同的客观条件下，表现出不同的运行工况。电力机车上使用的牵引电机，就是利用了电机的可逆性，在机车牵引时作为电动机运行；在机车再生制动时作为发电机运行。

牵引电机是机车进行机械能和电能相互转换的重要部件，它安装在机车转向架上，通过传动装置与轮对相连。机车在牵引状态时，牵引电机将电能转换成机械能，驱动机车运行。当机车在电气制动状态时，牵引电机将列车的机械能转化为电能，产生列车的制动力。

三、再生制动

电传动机车一般有两套制动系统：一是空气制动系统即机械制动系统，包括闸瓦制动和盘形制动；二是电气制动（动力制动的一种）系统，包括电阻制动和再生制动。

和谐型交流传动电力机车大多采用四象限整流器，能实现能量的双向流动，方便地进行牵引和再生制动的转换，如图 2-24 所示。另外和谐型交流传动电力机车采用三相鼠笼式异步电机，相同速度下发电机电势要高于直流电机，能量转换效率及经济性明显好于直流传动机车，HXD3C 型电力机车的电气制动方式就是再生制动。

再生制动通过控制逆变器的输出频率，使牵引电机的定子同步转速低于转子转速，即转差率 $s<0$，此时牵引电机处于发电机状态，将列车的机械能转化为电能。三相异步电机产生三相交流电，经 PWM 逆变器整流成直流，再经四象限整流器逆变为单相交流电，经主变压器升压后，回馈到接触网。

和谐型交流传动电力机车再生制动时，PWM 逆变器工作在整流状态，四象限整流器工作在逆变状态，并通过中间直流环节向主变压器牵引绕组馈电，将再生能量回馈至接触网。当使用再生制动时，牵引电机作为发电机。

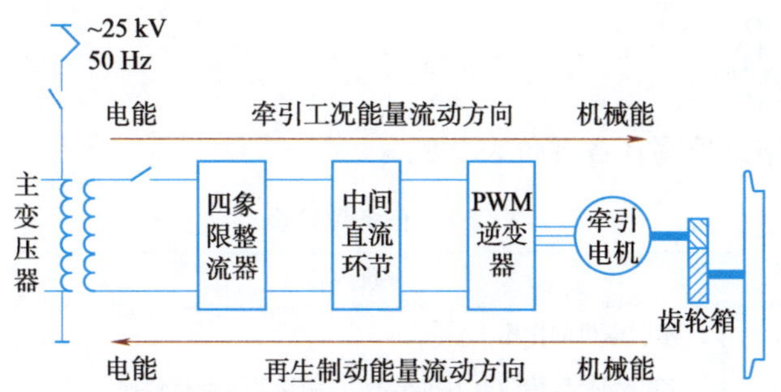

图2-24　和谐型电力机车牵引和电气制动工况能量流动方向

列车在高速区运行时，因速度高产生的电能大，其制动力大，因而高速区用再生制动。相反，列车在低速区运行时，再生制动力不足，还需再加空气制动，一般列车速度在 10 km/h 以下时就需加空气制动。HXD3C 型电力机车当速度低于 5 km/h 时，切除再生制动，改用空气制动。

再生制动时回馈的电能可供其他电力机车牵引使用，因此是一种更具有经济效益的电气制动方式。同时再生制动具有调速范围大，防滑性能好，减少了闸瓦与车轮磨耗。

1. 三相异步电动机为什么要采用变压变频调速？

2. 牵引电机的作用是什么？

3. 什么是电机的可逆性？在 HXD3C 型电力机车上是如何应用的？

4. 画出和谐型交流传动电力机车牵引与电气制动时能量的流动路径。

根据任务实施结果填写任务评价表 2-8。

表 2-8 任务评价表

序号	评价项目	评价内容	分值	得分
1	知识点	牵引电机的作用	5	
2		和谐型交流传动电力机车牵引、制动工况能量传递过程	20	
3		牵引电机的调速方法	20	
4		电动机的可逆性	15	
5	表达能力	仪态得体，逻辑严密，声音洪亮，讲解生动	20	
6	课堂表现	遵守课堂纪律，学习态度端正，积极配合教学安排	20	
小计			100	

巩固练习

一、填空题

1. 直流电机既可作为发电机工作，也可作为电动机工作。这称之为直流电机的__________。

2. 机车牵引电机在再生制动时作为__________运行。

3. 和谐型交流传动电力机车再生制动时，逆变器工作在整流状态，四象限整流器工作在逆变状态，并通过中间直流回路向主变压器牵引绕组馈电，将再生能量回馈至__________。当使用动力制动时，牵引电机作为__________电机。

二、选择题

1.（　　）本身是机械能和电能互相转换的设备。

A. 继电器　　B. 接触器　　C. 电机

2. 和谐型电力机车牵引电机是（　　）电机。

A. 三相异步　　B. 三相同步　　C. 单相

三、简答题

1. 再生制动的优点是什么？

2. 什么是矢量控制？

任务六　分析主电路保护电路

电力机车在运行过程中如果主电路出现故障，应采取措施防止故障进一步扩大。因此，电力机车对主电路进行接地、过压及过流/短路检测，并对接地、过压及过流/短路故障进行了安全保护设计。

本任务主要学习 HXD3C 型电力机车主电路的过流保护、接地保护、过电压保护。

1. 掌握 HXD3C 型电力机车主电路保护类型。
2. 了解各种主电路保护的原理。
3. 了解各种主电路保护参数。

一、过电压保护

过电压分为外部过电压和内部过电压。外部过电压又称大气过电压或雷击过电压。内部过电压分为操作过电压和换相过电压。

在电路中，如含有匝数很多并带有铁芯线圈的各种电器，该电路的电感必然很大，因此，在电路断开和闭合时，所产生的自感电动势数值往往会超过额定电压很多倍，称为操作过电压。如主断路器断开、闭合，继电器、接触器线圈得电、失电。一般用非线性电阻、RC 吸收装置、泄放二极管等进行保护。避雷器属于非线性电阻的一种。

由于回路中存在电感，整流元件在换相时，即由一个元件导通向另一个元件导通的转换过程中，将在阳极电源侧产生很高的尖峰电压，称为换相过电压。一般用压敏电阻、RC 吸收装置等进行保护。

HXD3C 型电力机车在主断路器的主触头后端，安装有车顶避雷器 F1 和 F2，型号为 YH10WT－42/105D，分别并联于受电弓和高压隔离开关之间，可以抑制机车外部的雷击过电压和电网过电压，保护车顶和车内的高压电器。车内避雷器 F3，型号为 YH10WT－43/108BN，并联于主断路器和高压电流互感器之间，它主要抑制主断路器开闭时产生的操作过电压，避免对机车内部的控制电器产生过电压侵害。

车顶避雷器 F1、F2 持续额定工作电压低于车内避雷器 F3 的持续额定工作电压，从而确保机车外部的雷击过电压和电网过电压在车顶就被抑制，避免进入车内造成危害。

二、电压保护

网压高于 32 kV 且持续 10 ms 或者是高于 35 kV 且持续 1 ms 时，网压低于 16 kV 且持续 10 ms 时，CI(变流器)实施保护，四象限整流器和 PWM 逆变器的门极均被封锁，输入回路中的工作接触器断开，同时向微机控制系统 TCMS 发出过电压或欠压信息。

三、瞬时过电压和过电压保护

在机车出现空转、滑行或者受电弓离线造成的网压中断等情况时，变流器的中间直流环节上可能出现瞬时过电压。为了防止这种过电压对变流器造成损坏，在中间直流环节设有瞬时过电压保护电路，由 IGBT 和限流电阻组成，通过主变流器单元中间直流环节电压传感器 DCPT3 进行监测。这是一种多次重复方式的保护，当过电压存在时，该 IGBT 将导通，直流回路能量经限流电阻 R301-313 放电和释放，消除过电压，如图 2-25 所示。

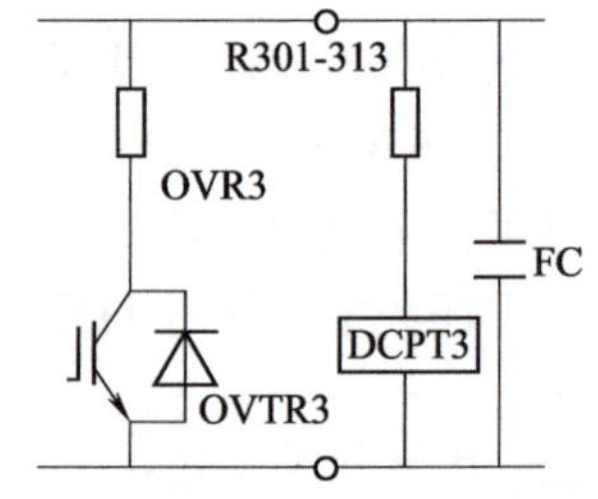

图 2-25　瞬时过电压保护电路

当中间回路电压大于等于 3 200 V 时，瞬时过电压保护环节动作，四象限整流器和 PWM 逆变器的门极均被封锁，输入回路中的工作接触器断开。当中间回路电压小于等于 2 000 V时，中间回路低电压保护环节动作，四象限整流器和逆变器的门极均被封锁，输入回路中的工作接触器断开(库内动车除外)。

四、原边过流保护

当机车发生原边过流时，原边过流继电器 KC1 动作，其联锁触点将信号送入 TCMS，跳开主断路器，实施故障保护。原边电流的保护值为 800 A，电流互感器 TA1 副边电流为 10 A，此时 KC1 动作，如图 2-5 所示。

五、主变压器副边绕组过流保护

在每个主变流器单元的输入回路中，设有 1 个输入电流互感器 ACCT，起控制和监视变流器充电电流及牵引绕组短路电流的作用，其动作保护值为 1 960 A。保护发生时，四象限整流器和 PWM 逆变器的门极均被封锁，输入回路中的工作接触器断开，同时向微机控制系统 TCMS 发出跳主断信号，通过复位开关可进行恢复。若这种故障在 3 min 内连续发生两次，故障将被锁定，必须切断 CI 控制电源，才能恢复正常，如图 2-17 所示。

六、牵引电机过流保护

在每个主变流器单元的输出回路中，设有输出电流互感器 CTU、CTW，对牵引电机过载及牵引电机三相不平衡起控制和监视保护作用。牵引电机过载保护的动作值为1 400 A。当保护发生时，四象限整流器和 PWM 逆变器的门极均被封锁，输入回路中的工作接触器断开，同时主变流器控制单元向微机控制系统 TCMS 发出 CI 过流信息，实施跳主断，如图 2-17 所示。

七、接地保护

HXD3C 型电力机车主接地保护电路由跨接在中间回路的两个串联电容和一个接地信号传感器组成，如图 2-26 所示。

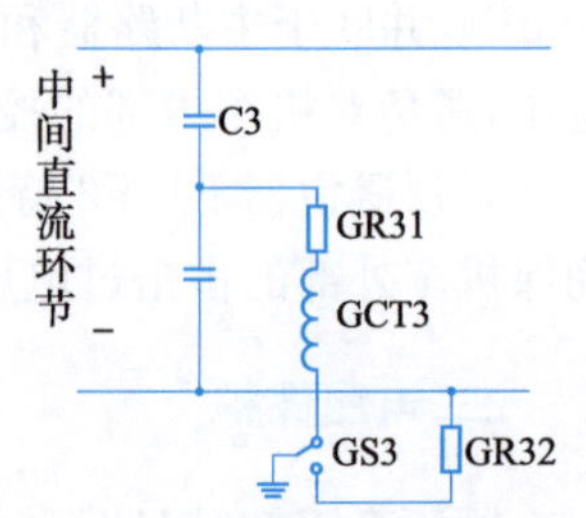

图 2-26　接地保护电路

每组主变流器含有三套独立的接地保护电路，可以分别对 3 个主变流器单元进行接地监测和保护。

工作正常时，由于只有 1 点接地，接地电流传感器 GCT3 中无电流流过。

当主电路某一点接地时则形成回路，接地检测回路有故障电流流过，传感器输出电流信号，使保护装置动作，其动作保护值为 10 A。保护发生时，四象限整流器和逆变器的门极均被封锁，输入回路中的工作接触器断开，同时向微机控制系统 TCMS 发出跳主断信号。此时司机可将故障支路的变流器单元切除，机车还剩 5/6 的牵引动力，继续维持机车运行，回段后再作处理。若确认只有一点接地，也可将控制电器柜上对应的接地开关打至“中立”位，继续维持机车运行，回段后再作处理。

1. 总结网侧电路的保护功能，填入表 2-9。

表 2-9　网侧电路的保护功能

序号	电器名称	保护功能
1	车顶避雷器	
2	高压电流互感器	
3	高压电压互感器	

2. 为什么断开、闭合的感性负载时，会产生过电压？

3. 当中间直流环节正极、负极发生接地故障时，画出流过 GCT3 的电流路径，如图 2-27 所示。

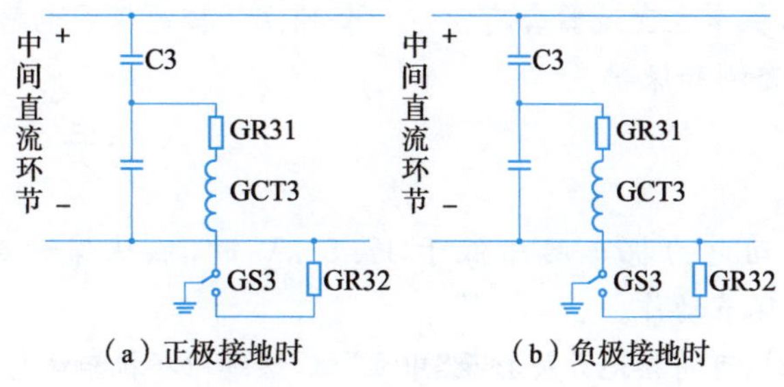

图 2-27　电流路径图

4. 总结出 HXD3C 型电力机车动作保护的共同点。

根据任务实施结果填写任务评价表 2-10。

表 2-10 任务评价表

序 号	评价项目	评价内容	分 值	得 分
1	知识点	HXD3C 型电力机车主电路保护名称	20	
2		操作过电压产生的原因	20	
3		主电路接地保护原理	20	
4	表达能力	仪态得体，逻辑严密，声音洪亮，讲解生动	20	
5	课堂表现	遵守课堂纪律，学习态度端正，积极配合教学安排	20	
小 计			100	

一、填空题

1. HXD3C 型电力机车每个主变流器单元的输出回路中，设有输出电流互感器 CTU、CTW，对牵引电机过载及牵引电机________________起控制和监视保护作用。

2. HXD3C 型电力机车每个主变流器单元的输入回路中，设有 1 个输入电流互感器 ACCT，起控制和监视变流器充电电流及牵引绕组________电流的作用，其动作保护值为 1 960 A。

3. HXD3C 型电力机车主变压器牵引绕组过流保护发生时，四象限整流器和逆变器的门极均被____________，输入回路中的工作接触器断开，同时向微机控制系统发出跳主断信号。

二、选择题

1. HXD3C 型电力机车主接地保护电路由跨接在中间直流环节的(　　)个串联电容和 1 个接地信号传感器组成。

A. 2　　　　B. 4　　　　C. 6

2. HXD3C 型电力机车主变流器含有(　　)套独立的接地保护电路，可以分别对 3 个主变流器单元进行接地监测和保护。

A. 一　　　　B. 二　　　　C. 三

三、判断题

1. 和谐型交流传动电力机车网压低于 17.5 kV 时，低压保护环节动作，网压高于 31.5 kV时，过压保护环节动作。(　　)

2. 发生接地故障时，可将接地开关打至“中立”位，继续维护机车运行，回段后再作处理。(　　)

四、简答题

1. HXD3C 型电力机车如何实现变压器副边过流保护？

2. HXD3C 型电力机车瞬时过电压保护的原理是什么？

项目三
分析电力机车辅助电路

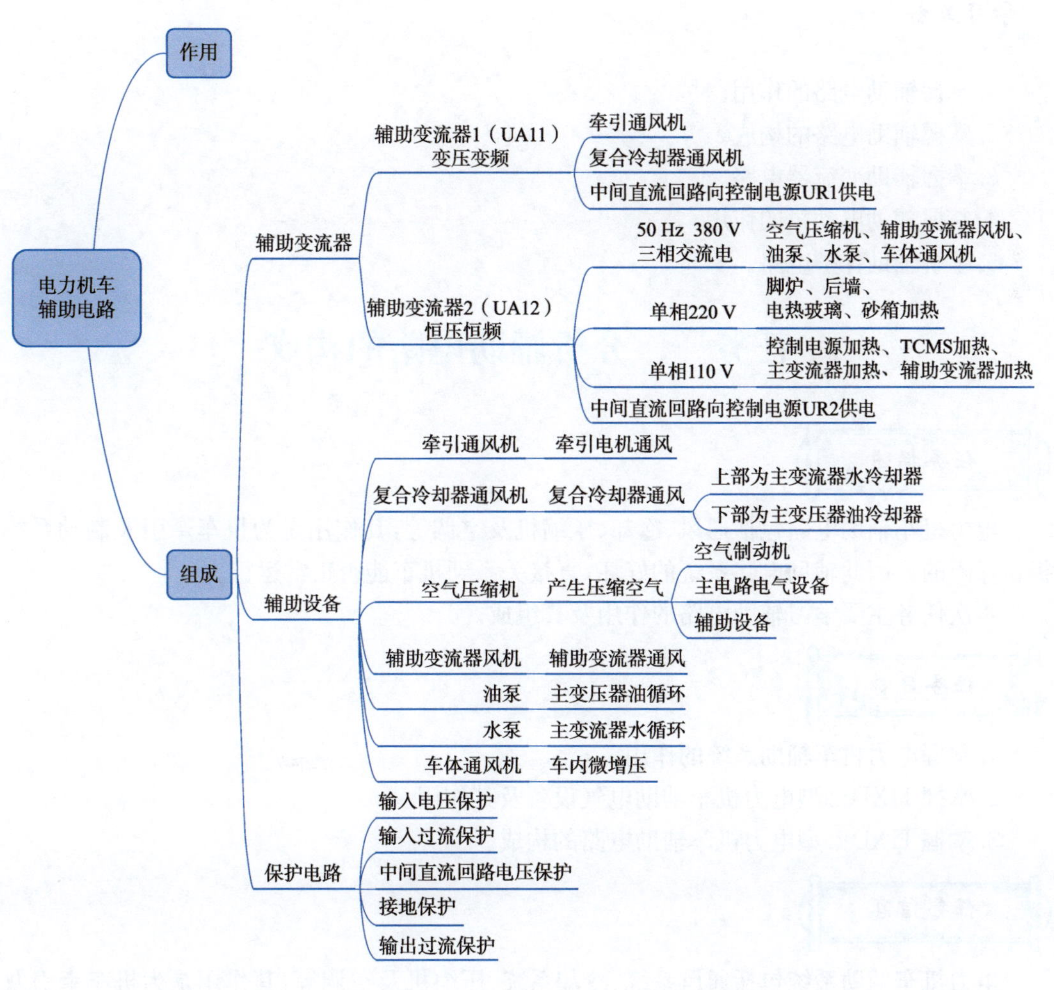

项目描述

电力机车主电路的作用是产生牵引力和电气制动力，主要电气设备有受电弓、主断路器、主变压器、主变流器、牵引电机等。

HXD$_{3C}$ 型电力机车受电弓采用气囊驱动，升弓电磁阀得电，压缩空气通过气路装置进入气囊，气囊受到压缩空气的作用开始膨胀，使得蝴蝶座通过钢丝绳拉拽下导杆，受电弓在钢丝绳的作用下，将随着气囊膨胀的大小，先快后慢地升起受电弓。

主变压器冷却方式为强迫导向油循环风冷，变压器油需要油泵进行强迫循环，需要风机对油散热器进行冷却。为保证牵引电机功率的发挥，需要通风机对牵引电机进行强迫通风。

由此可以看出，为保证主电路的正常工作，必须有为机车牵引及制动系统提供保障的系统，这就是电力机车的辅助系统。

本项目主要学习辅助电路的构成、辅助电流器、辅助电动机电路、辅助保护电路。

学习目标

1. 掌握辅助电路的作用。
2. 掌握辅助电路的构成。
3. 掌握辅助变流器电路。
4. 掌握辅助电动机的作用。
5. 了解辅助保护电路。

任务一　分析辅助电路的构成

电力机车辅助电路包括通风、冷却、压缩机及空调等，其作用是为机车牵引及制动系统提供保障的。因此辅助电路系统的好坏，直接关系到机车能否正常运行。

本次任务主要学习辅助电路的作用及其组成。

1. 掌握电力机车辅助系统的作用。
2. 掌握 HXD$_{3C}$ 型电力机车辅助电气设备及其作用。
3. 掌握 HXD$_{3C}$ 型电力机车辅助电路的构成。

电力机车辅助系统包括通风系统、冷却系统、压缩机及空调等，其作用是为机车牵引及制动系统提供保障的。因此辅助系统的好坏，直接关系到机车能否正常运行。

一、HXD3C 型电力机车辅助电气设备

HXD3C 型电力机车辅助电气设备包括：牵引通风机电动机 2 个、复合冷却器通风机电动机 2 个、辅助变流器风机电动机 2 个、水泵电动机 2 个、油泵电动机 2 个、车体通风机电动机 2 个、空气压缩机电动机 2 个，其他还有 DC 600 V 列车供电设备、取暖、空调等。

牵引电机通风系统由两台牵引通风机来完成，每一台牵引通风机分别用来冷却三台牵引电机，车外空气→离心沉降式过滤器→棕纤维过滤器→车顶进气间→牵引通风机→风机底座→车体风道→连接软管→牵引电机→大气，如图 3-1 所示。

2 台由复合冷却通风机组等部件组成的复合冷却通风系统分别对 2 台复合冷却器进行独立冷却，车外空气→离心沉降式过滤器→侧墙板式粗滤器→车顶进气间→复合冷却器风机→异径风道→复合冷却器（上部是主变流器冷却水散热器，下部是主变压器冷却油散热器）→风道→车底大气，如图 3-2 所示。

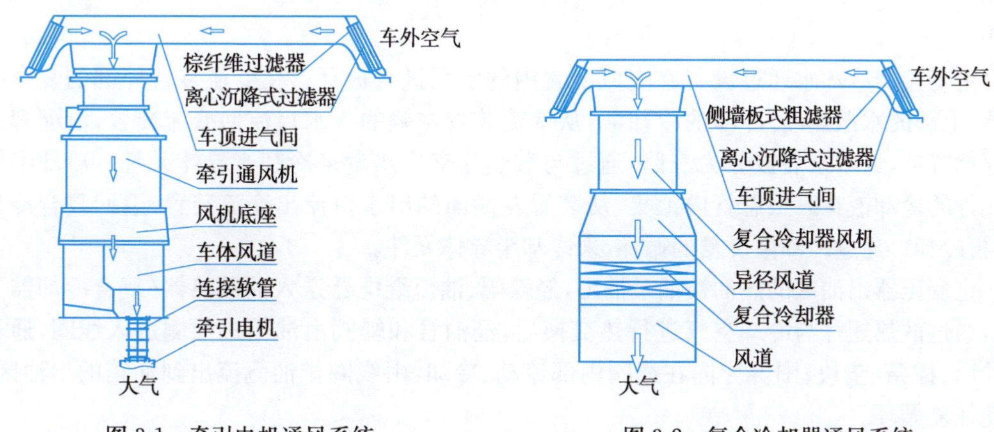

图 3-1　牵引电机通风系统　　　图 3-2　复合冷却器通风系统

机车的 2 台辅助变流器装置，分别安装在 2 组主变流器柜内，具有各自独立的通风冷却系统，车外空气→冷却风入口通道→离心通风机→辅助变流器单元→风道→冷却风出口→车底大气，如图 3-3 所示。

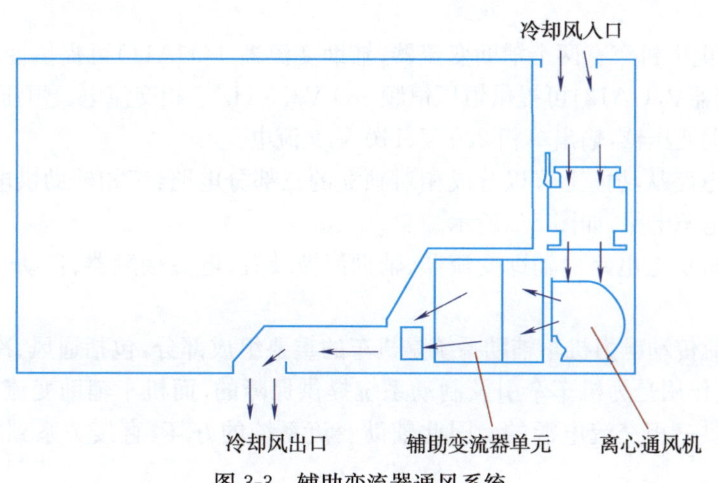

图 3-3　辅助变流器通风系统

风源系统(图 3-4)的作用是为机车及车辆的制动系统等提供符合要求的干燥、洁净的压缩空气。HXD3C 型电力机车采用两台螺杆式空气压缩机组作为系统风源,排风量每台不小于 2 400 L/min。

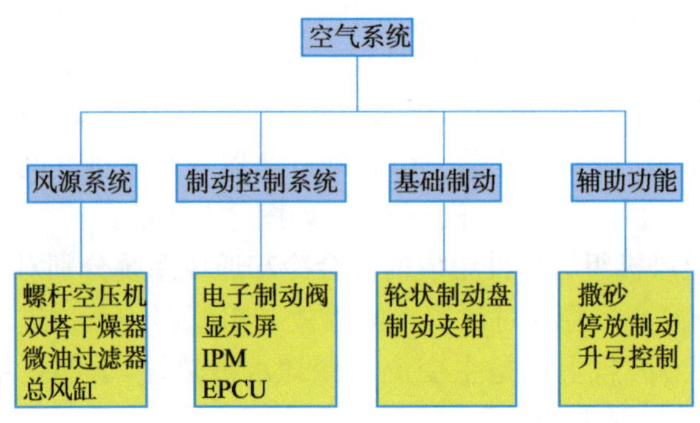

图 3-4 风源系统

主变流器冷却水通过设置在变流装置内的水泵进行循环。在变流装置外部的复合冷却器(上部的水散热器)冷却的冷却液,从变流装置左侧的入水口流回变流装置,沿配管进入存储容器,经水泵后被分为三路,通过与散热片交换热量来冷却半导体元件。冷却半导体元件的冷却液在一根总管内汇集,从装置左侧面的出水口流出变流装置,返回复合冷却器,再冷却。通过冷却液反复的循环,来冷却半导体元件。

主变压器出油区的热油被油泵抽出,经蝶阀、油流继电器送入油散热器(复合冷却器下部),通过散热翅片与冷却空气进行热交换后,经油管和蝶阀由油箱进油侧进入线圈,通过挡油圈、撑条、垫块、围屏导向在线圈内部流动、冷却,由线圈排油侧流出到油箱的出油区,如此往复循环。

二、HXD3C 型电力机车辅助电路构成

在这些辅助设备中,各类风机电动机、空气压缩机电动机、油泵电动机、水泵电动机、空调需要 380 V 三相交流电,取暖设备需要 220 V 单相交流电,低温预热需要 110 V 单相交流电。

HXD3C 型电力机车有两个辅助变流器,辅助变流器 1(UA11)可提供变压变频三相交流电,辅助变流器 2(UA12)可提供恒压恒频 380 V/50 Hz 三相交流电。恒压恒频 380 V 三相交流电经辅助变压器,输出单相 220 V、110 V 交流电。

机车辅助电路从功能上可以分成相对独立的三部分电路:三相辅助供电电路、辅助加热电路和库用电源电路,如图 3-5 所示。

辅助电动机供电电路由辅助变流器、辅助滤波装置、电磁接触器、自动开关、辅助电动机等组成。

和谐型交流传动电力机车辅助系统是机车的重要组成部分,包括通风、冷却系统、压缩机及空调等,其作用是为机车牵引及制动系统提供保障的,而机车辅助变流系统又是为机车辅助系统提供三相交流电源的。因此辅助变流系统的好坏,直接关系到机车能否正常运行。

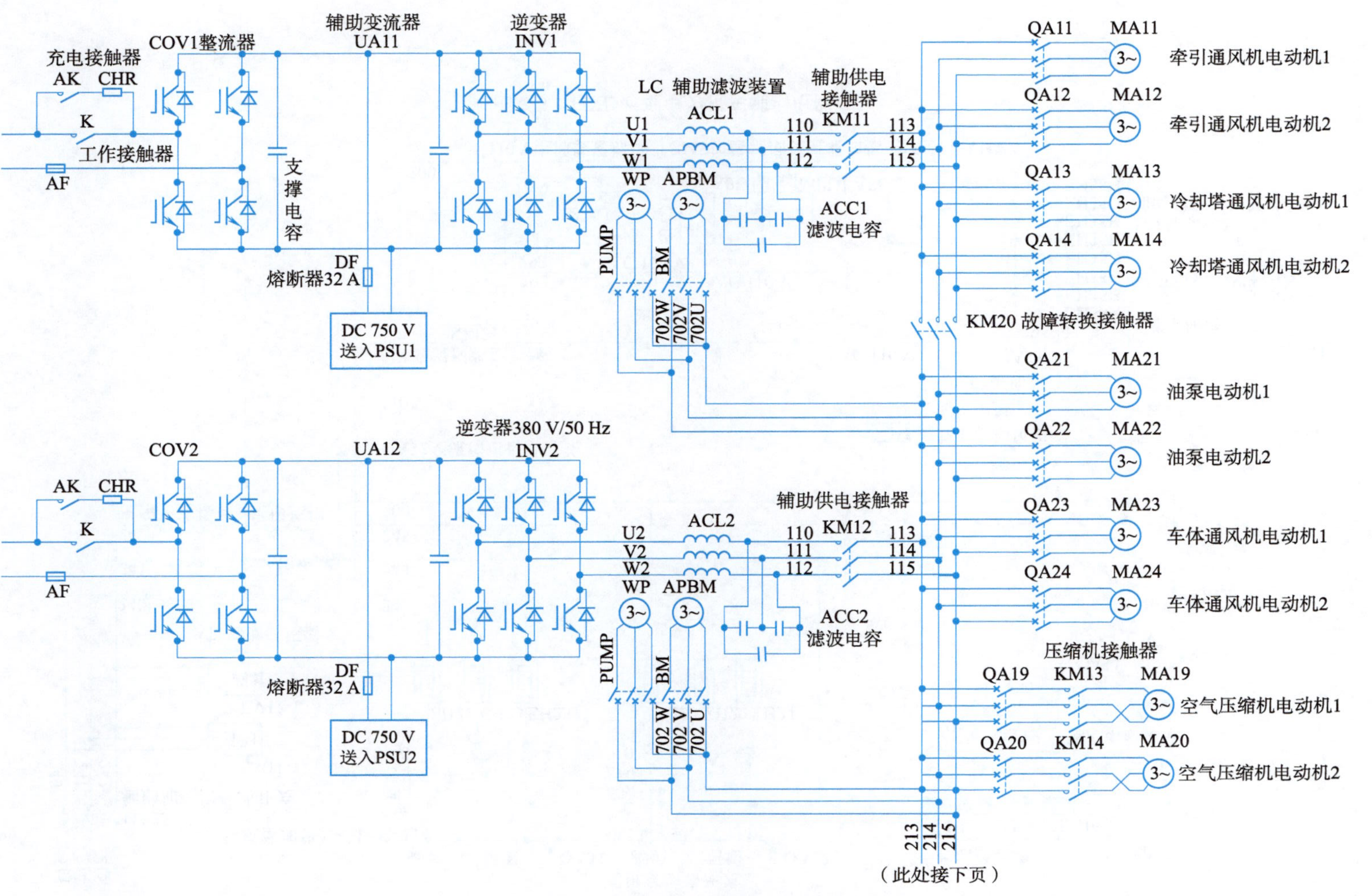

图 3-5　HXD3C 型电力机车辅助电路(1)

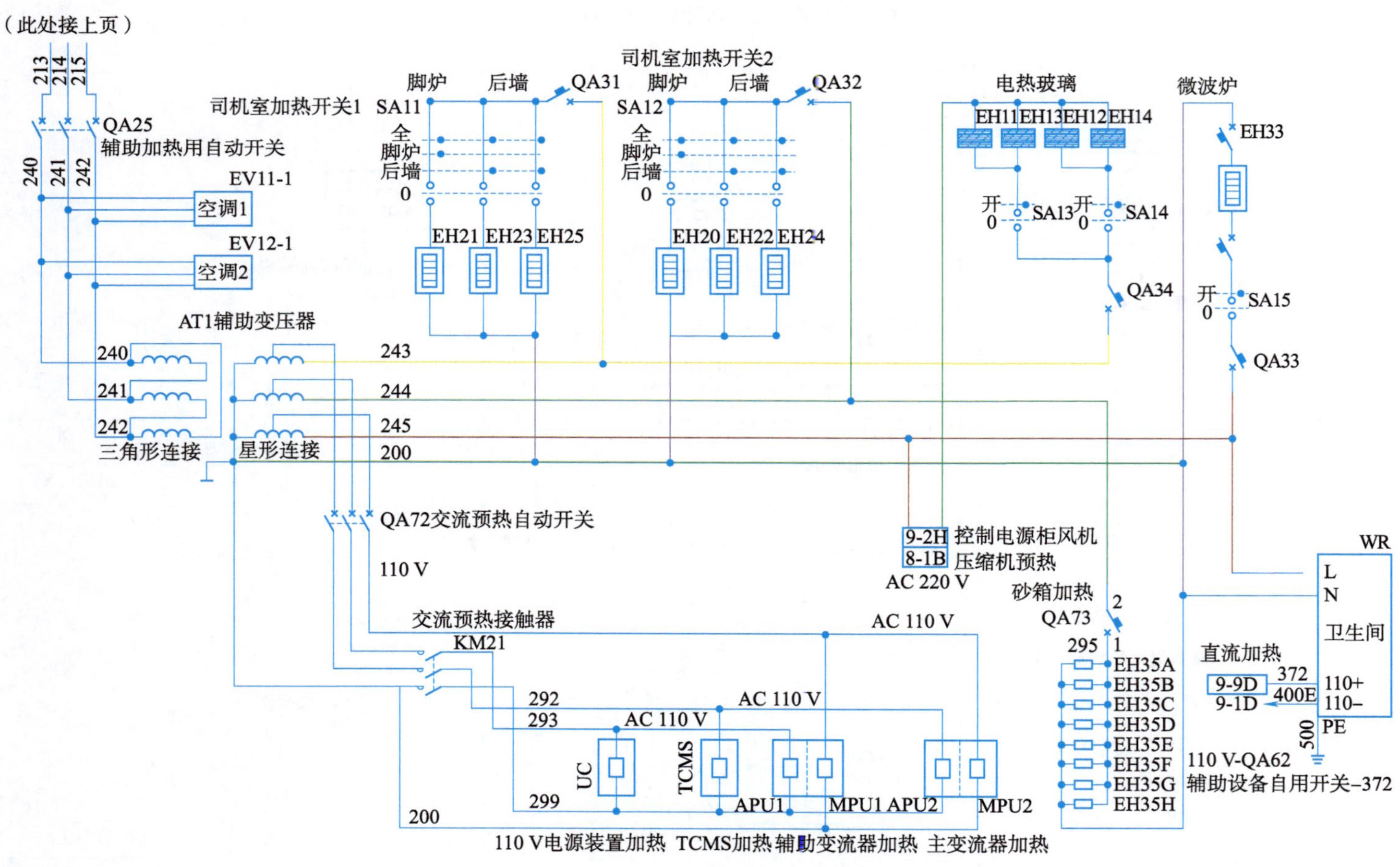

图 3-5　HXD3C 型电力机车辅助电路(2)

1. 学习任务信息内容，完成表 3-1 内容。

表 3-1　主电路设备

主电路设备名称	冷却方式	所需辅助设备
主变流器		
主变压器		
牵引电机		

2. 在 HXD3C 型电力机车中，哪些设备需要压缩空气？

3. 想一想

(1)压缩机出现故障后，对机车运行产生什么影响？

(2)HXD3C 型电力机车牵引通风机出现故障后，对机车运行什么影响？

4. 绘制 HXD3C 型电力机车辅助电路框图。

包括主变压器辅助绕组、辅助变流器(用方框表示)、辅助滤波装置(用方框表示)、电磁接触器、自动开关、辅助电动机(一种辅助电动机画一个代表即可)等。

根据任务实施结果完成任务评价表 3-2。

表 3-2 任务评价表

序 号	评价项目	评价内容	分 值	得 分
1	知识点	HXD3C 型电力机车辅助设备名称	10	
2		辅助设备故障后对机车运行的影响	20	
3		HXD3C 型电力机车辅助电路框图	30	
4	表达能力	仪态得体，逻辑严密，声音洪亮，讲解生动	20	
5	课堂表现	遵守课堂纪律，学习态度端正，积极配合教学安排	20	
小 计			100	

一、填空题

1. 和谐型交流传动电力机车辅助电动机供电电路由辅助变流器、__________装置、电磁接触器、自动开关、辅助电动机等组成。

2. 和谐型交流传动电力机车辅助变流器向牵引通风机电机和压缩机电机等辅助电机提供__________交流电。

3. 主变压器设有__________个潜油泵，强迫变压器油进行循环冷却。

二、综合题

1. 简述和谐型交流传动电力机车辅助系统的作用。

2. HXD3C 型电力机车复合冷却器风机出现故障后，对机车运行什么影响？

3. 举例说明，辅助系统是如何为机车牵引系统提供保障的？

任务二　分析辅助变流器

HXD3C 型电力机车辅助设备需要变压变频的三相交流电、恒压恒频的三相 380 V/50 Hz交流电、单相 220 V 交流电、单相 110 V 交流电，这些电源是由辅助变流器提供的。

HXD3C 型电力机车有两套辅助变流器系统，分别提供恒压恒频的三相 380 V 交流电、变压变频的三相交流电，当一套辅助变流装置出现故障时，微机控制系统（TCMS）进行自动转换。恒压恒频三相 380 V 交流电经辅助变压器提供单相 220 V 交流电、单相 110 V 交流电。

本任务主要学习 HXD3C 型电力机车辅助变流器的作用，辅助变流器故障转换。

1. 掌握辅助变流器的作用。
2. 掌握辅助变流器故障转换控制。
3. 了解辅助变流器的工作原理。
4. 了解辅助变流器供电电路。
5. 了解辅助变流器保护。

一、辅助变流器作用

HXD3C 型电力机车有 2 组独立的辅助变流器，分别提供 VVVF 和 CVCF 三相交流电源，对辅助机组进行分类供电。辅助变流器 1、2 都有变频变压（VVVF）和恒压恒频（CVCF）两种工作方式，可以依据连接的辅助电动机情况进行设置。

机车正常运行时，辅助变流器 1 工作在 VVVF 方式，辅助变流器 2 工作在 CVCF 方式，分别为机车辅助电动机供电。每一组辅助变流器的额定容量是按照独立带整车辅机的情况设计的。因此正常情况下，辅助变流器 1、2 基本上以 50%的额定容量工作。

当某一套辅助变流器发生故障时，不需要切除任何辅助电动机，另一套辅助变流器可以承担机车全部的辅助电动机负载，该辅助变流器按照 CVCF 方式工作，辅助电动机系统按全功率运行。辅助变流器的故障转换控制由机车微机控制系统（TCMS）自动完成。唯有两台压缩机中，只有操纵端压缩机可以投入工作，从而确保机车辅助电动机供电系统的可靠性。

在辅助变流器 1（UA11）或辅助变流器 2（UA12）发生时，TCMS 自动断开其相应的输出接触器 KM11 或输出接触器 KM12，再闭合故障转换接触器 KM20，把发生故障的辅助变流器的负载切换到另一组辅助变流器，由该辅助变流器对全车的三相辅助电动机供电。此时，正常工作的辅助变流器按照 CVCF 方式工作。

二、辅助变流器工作原理

辅助变流器通过四象限整流电路(COV1)把从主变压器辅助绕组供电的交流电(399 V)转换为恒定电压的直流电(750 V),再供给逆变电路(INV1),通过逆变电路转换为三相交流电,如图3-6所示。

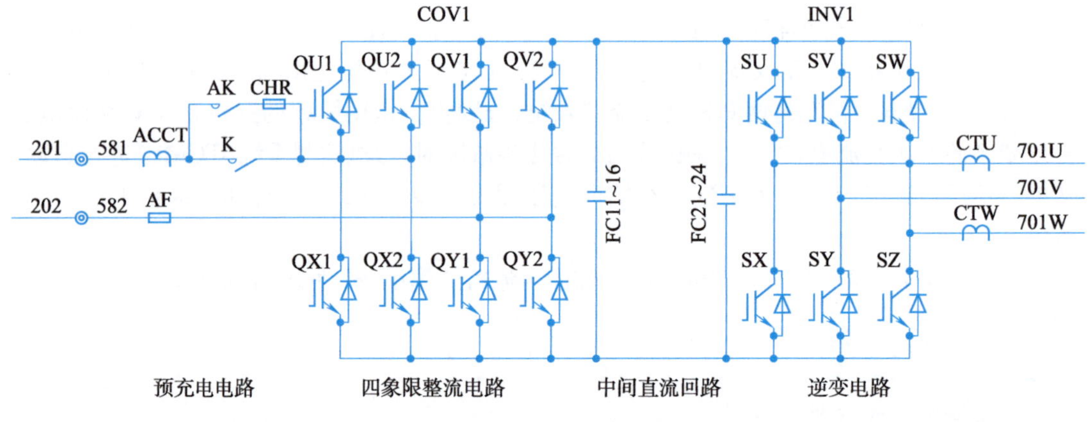

图3-6　辅助变流器电路

(1)预充电电路

当中间直流回路电压为零时,先闭合充电接触器AK,主变压器的辅助绕组通过充电电阻向四象限整流器供电,给中间直流回路支撑电容充电。当中间直流回路电压建立后,闭合工作接触器K,断开充电接触器AK,在切除充电电阻的同时,继续向中间直流回路支撑电容充电,直至中间直流回路电压达到750 V。

(2)四象限整流电路

四象限整流电路是一个脉宽调制变流器,它将升压斩波与整流电路结合起来,使输入电流近似正弦波并与网压同相,功率因数较高,接近于1。

(3)中间直流回路

由于辅助变流器采用的是电压型逆变器,为了稳定中间直流回路电压,并联了大量的支撑电容,同时还对辅助逆变器产生的高次谐波进行滤波。

(4)逆变电路

逆变器的任务是将中间直流回路的750 V直流电转换成三相交流电,向负载供电,其输出方式既可以选择变压变频(VVVF)方式,也可以选择恒压恒频(CVCF)方式,以满足不同负载的需要。

辅助变流器1(UA11)采用VVVF控制方式,机车调速手柄4级(含4级)以下时输出频率为33 Hz,4级以上时输出频率为50 Hz。辅助变流器2(UA12)采用CVCF控制方式,输出380 V/50 Hz三相交流电。

三、辅助变流器冷却

辅助变流器采用强制通风冷却方式,2台辅助变流器装置,分别安装在2组主变流器柜内,具有各自独立的通风冷却系统。

冷却风通过设置在变流装置内的辅助变流器风机来提供。从变流装置天棚侧进入的冷却风，被装置右下部的辅助变流器风机吸入，向左侧吹出，按照辅助变流器整流器单元散热片→辅助变流器逆变器单元散热片的顺序冷却，从装置中央内底面的排风口吹出装置外部，如图 3-3所示。在各散热板上，直接安装 IGBT。

四、辅助变流器供电电路

1. 变压变频三相交流电

正常情况下，由辅助变流器 1(UA11)提供，负载为：牵引通风机电动机 MA11、MA12，复合冷却器通风机电动机 MA13、MA14，如图 3-7 所示。

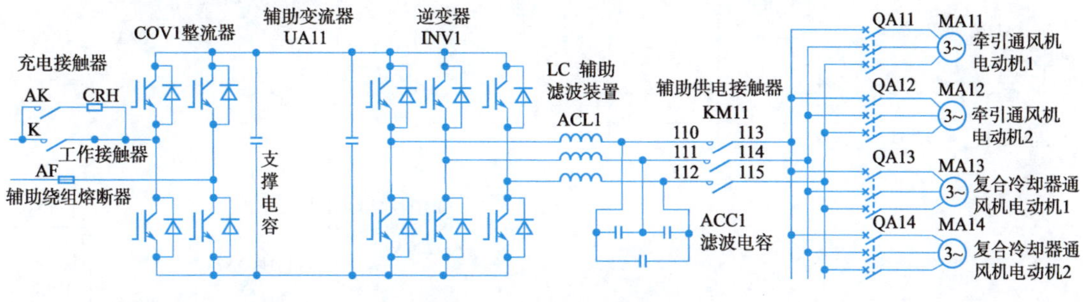

图 3-7　变压变频负载

2. 恒压恒频 380 V 三相交流电

正常情况下，由辅助变流器 2(UA12)提供，负载为：2 个辅助变流器风机电动机 APBM，2 个水泵电动机 WP，空气压缩机电动机 MA19、MA20，油泵电动机 MA21、MA22，车体通风机电动机 MA23、MA24，空调、列车供电柜冷却风机，如图 3-8 所示。

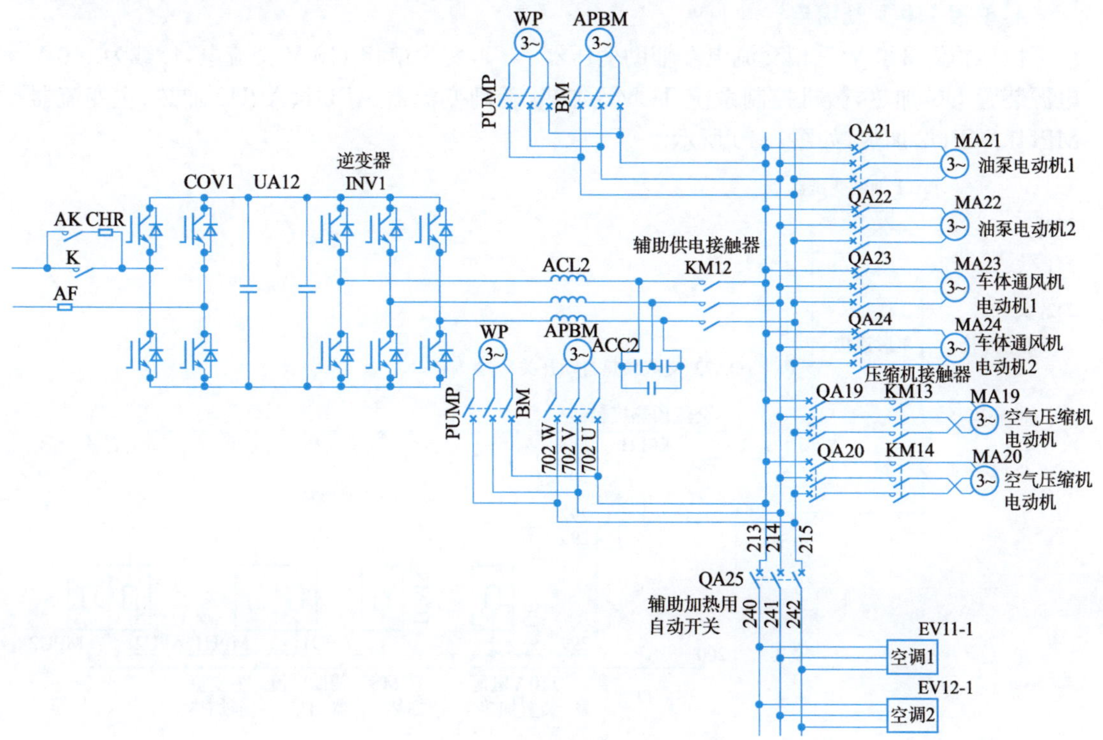

图 3-8　恒压恒频 380 V 负载

3. 单相 220 V 交流电

恒压恒频 380 V 三相交流电经辅助变压器 AT1，变为单相 220 V 交流电，负载为：脚炉、后墙加热、砂箱加热、电热玻璃、微波炉、插座、卫生间、压缩机预热电路，如图 3-9 所示。

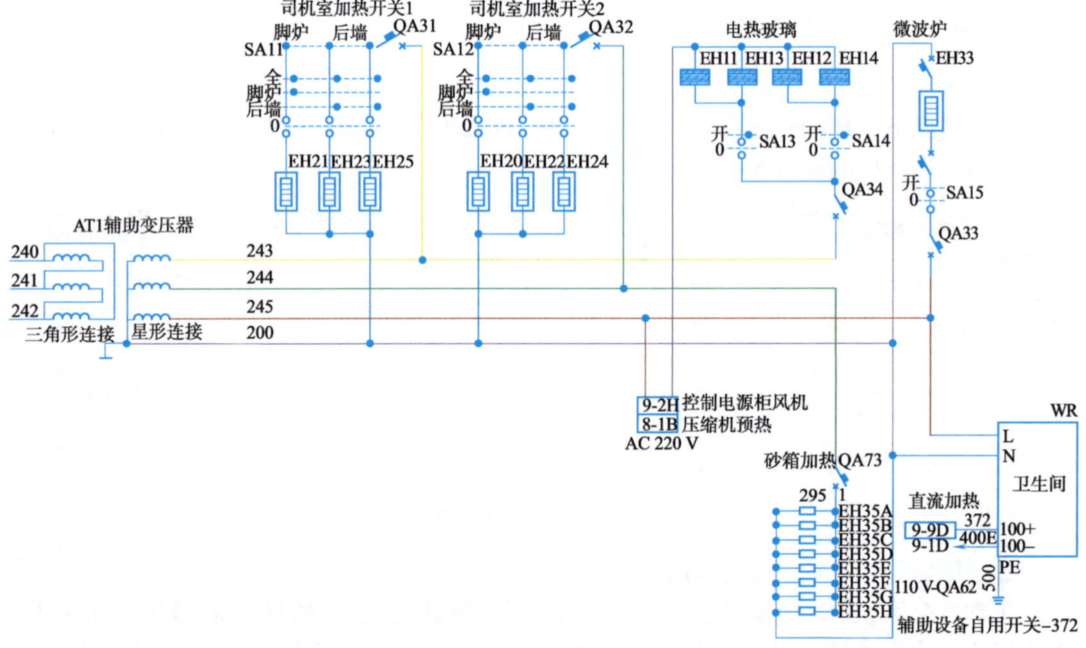

图 3-9　单相 220 V 交流电负载

4. 单相 110 V 交流电

恒压恒频 380 V 三相交流电经辅助变压器 AT1，变为单相 110 V 交流电，负载为 110 V 电源装置 UC 加热，微机控制系统 TCMS 加热，辅助变流器 APU1、APU2 加热，主变流器 MPU1、MPU2 加热，如图 3-10 所示。

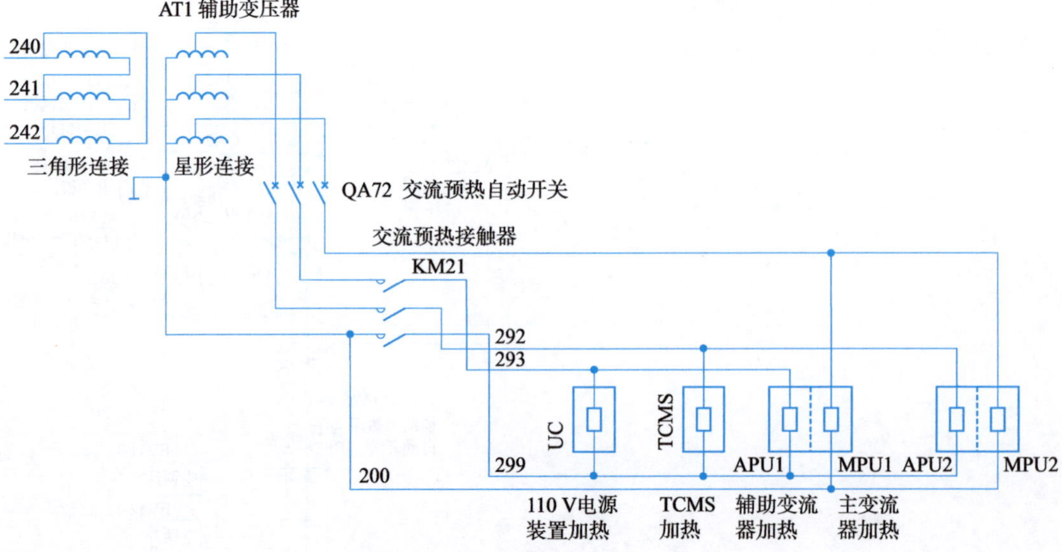

图 3-10　单相 110 V 交流电负载

机车升弓、合主断后，辅助变流器 2 开始启动，辅助变流器 2 的中间直流回路 DC 750 V 给 110 V 电源装置供电。如辅助变流器 2 故障，由辅助变流器 1 带全部负载，控制模式变为 CVCF，由它的中间直流回路 DC 750 V 给 110 V 电源装置供电。

五、辅助变流器保护

辅助变流器设有接地保护、输入过流保护、输出过流保护、中间直流回路电压保护、输入电压保护，如图 3-11 所示。

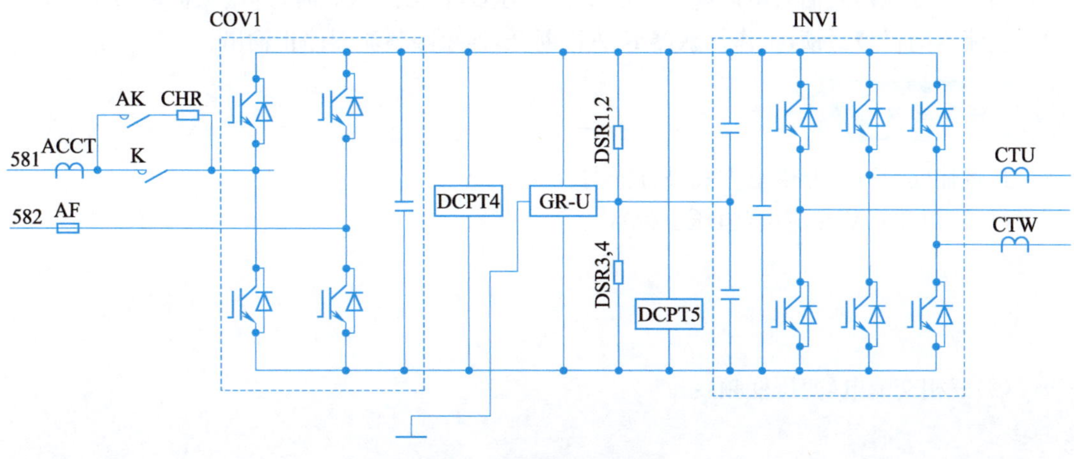

图 3-11　辅助变流器保护

1. 接地保护

在辅助变流器 UA11、UA12 内部，分别设有 1 套接地保护装置 GR-U，进行辅助系统主电路的接地保护。当对应辅助回路发生接地故障时，该辅助变流器实施保护，微机控制系统 TCMS 将该故障的辅助变流器切除，机车转由另一组辅助变流器对全部辅机供电。

2. 输入过流保护

在每一组辅助变流器的输入回路中，设有输入电流互感器 ACCT，起控制和监视辅助变流器充电电流及辅助绕组短路电流的作用，动作保护值为 1 600 A。保护发生时，四象限整流器的门极均被封锁，工作接触器 K、AK 均断开，同时向微机控制系统 TCMS 发出跳主断的信号，该故障消除后 10 s 内自动复位。如果此故障在 2 min 内连续发生 2 次，该辅助变流器将被锁死，必须切断辅助变流器的控制电源，才可解锁。

3. 输出过流保护

在每一组辅助变流器的输出回路中，设有输出电流互感器 CTU 和 CTW，对辅助电动机回路过载及短路起保护作用，过载保护的动作值为 850 A。保护发生时，逆变器的门极均被封锁，同时向微机控制系统发出跳主断的信号，该故障消除后 10 s 内自动复位。如果此故障在 2 min 内连续发生 6 次，该辅助变流器将被锁死，必须切断辅助变流器的控制电源，才可解锁。

4. 中间直流回路电压保护

辅助变流器中间直流回路设有两组电压监测环节，其中 DCPT4 是用于四象限整流器的监测，DCPT5 是用于逆变器的监测。

当 DCPT4 监测到中间回路电压大于等于 825 V 或小于等于 270 V 时，四象限整流器门极被封锁，四象限整流器停止输出。

当 DCPT5 监测到中间回路电压大于等于 825 V 或小于等于 580 V 时，中间回路电压保护环节动作，逆变器门极被封锁，逆变器停止输出。

5. 输入电压保护

当辅助变流器的输入电压低于 279 V 即网压低于 17.5 kV 时，低压保护环节动作，四象限整流器门极被封锁，工作接触器 K、AK 断开，四象限整流器停止输出。

当辅助变流器的输入电压高于 502 V 即网压高于 31.5 kV 时，过压保护环节动作，四象限整流器门极被封锁，工作接触器 K、AK 断开，四象限整流器停止输出。

1. 将辅助设备按照供电方式进行分类。

(1)三相 380 V 交流电(恒压恒频)：

(2)三相交流电(变压变频)：

(3)单相 220 V 交流电：

(4)单相 110 V 交流电：

2. 绘制 HXD3C 型电力机车辅助变流器供电框图。(辅助变流器可用方框表示，里面的结构不用绘制，负载可用方框表示，同一类型负载可用一个方框表示)

根据任务完成结果填写任务评价表 3-3。

表 3-3　任务评价表

序　号	评价项目	评价内容	分　值	得　分
1	知识点	三相 380 V 交流电(恒压恒频)负载名称	10	
2		三相流电(变压变频)负载名称	20	
3		单相 220 V 交流电负载名称	20	
4		单相 110 V 交流电负载名称	10	
5	表达能力	仪态得体,逻辑严密,声音洪亮,讲解生动	20	
6	课堂表现	遵守课堂纪律,学习态度端正,积极配合教学安排	20	
小　计			100	

查找资料,写出电力机车辅助设备的名称及功率。

一、填空题

1. 和谐型交流传动电力机车正常运行时,辅助变流器 1 工作在 VVVF 方式,辅助变流器 2 工作在__________方式,分别为机车辅助电动机供电。

2. 当某一套辅助变流器发生故障时,另一套辅助变流器可以承担机车__________的辅助电动机负载。

3. 当某一套辅助变流器发生故障,由另一套辅助变流器承担机车全部辅助电动机负载时,该辅助变流器按照__________方式工作。

二、选择题

1. 辅助变流器冷却采用(　　)方式。

A. 强制水冷　　B. 强制风冷　　C. 强迫油循环风冷

2. 和谐型交流传动电力机车中,(　　)属于变频变压启动的部件。

A. 牵引电机风机　　B. 空气压缩机电动机　　C. 空调

3. 和谐型交流传动电力机车中,(　　)属于恒频恒压启动的部件。

A. 牵引通风机电动机　　B. 油泵电动机　　C. 复合冷却器风机电动机

4. 辅助变流器正常工作时，下列部件中(　　)属于辅助变流器2供电范围。

A. 牵引通风机电动机　　B. 复合冷却器风机电动机　C. 水泵电动机

5. 辅助变流器正常工作时，下列部件中(　　)属于辅助变流器1供电范围。

A. 油泵电动机　　B. 牵引通风机电动机　　C. 水泵电动机

6. 正常情况下，(　　)不属于辅助变流器1供电范围。

A. 牵引通风机电动机　　B. 复合冷却器风机电动机　C. 水泵电动机

7. 正常情况下，(　　)不属于辅助变流器2供电范围。

A. 牵引通风机电动机　　B. 空气压缩机电动机　　C. 油泵电动机

三、判断题

1. 辅助变流器和主变流器一样，采用水冷方式进行冷却。(　　)

2. 电力机车辅助电气系统分别提供VVVF和CVCF三相辅助电源，对辅助机组进行分类供电。(　　)

3. 辅助电气系统采用三组辅助变流器，能分别提供VVVF和CVCF三相辅助电源辅助机组进行分类供电。(　　)

4. 为了确保适应机车状况的冷却风量和降低运转声音，两台复合冷却器风机和两台牵引通风机电机按照CVCF控制模式进行设定。(　　)

5. 和谐型交流传动电力机车正常运行时，辅助变流器1工作在CVCF方式，辅助变流器2工作在VVVF方式，分别为机车辅助电动机供电。(　　)

6. 当辅助变流器1发生故障时，由辅助变流器2维持机车辅机继续工作。(　　)

7. 当某一套辅助变流器发生故障时，另一套辅助变流器可以承担机车全部的辅助电动机负载。(　　)

8. 正常情况下，油泵和水泵电机电源来自辅助变流器1。(　　)

任务三　分析辅助电动机电路

HXD3C型电力机车辅助电路设备包括：牵引通风机电动机2个、复合冷却器通风机电动机2个、辅助变流器风机电动机2个、水泵电动机2个、油泵电动机2个、车体通风机电动机2个、空气压缩机电动机2个，其他还有DC 600 V列车供电设备、取暖、空调等。

各辅助电动机均通过各自的自动开关与辅助变流器连接，除2台空气压缩机外，均不设电磁接触器，使得辅助电动机电路更简化、更可靠。辅助变流器采用软启动方式进行启动，除空气压缩机电动机外，其他辅助电动机也随之启动。空气压缩机的启动受电磁接触器的控制，电磁接触器受机车司机控制压缩机扳键开关和总风缸空气压力开关的控制。

主断路器闭合后，辅助变流器2(UA12)采用软启动方式投入运行，并以恒压恒频方式向油泵、水泵、车体通风机、辅助加热等装置开始供电，中间直流回路向控制电源供电。

换向手柄离开“0”位后，辅助变流器1(UA11)开始启动，并以变压变频方式向牵引风机电动机、复合冷却器(冷却塔)风机电动机装置开始供电。

本任务主要学习辅助电动机的作用及其控制。

1. 掌握辅助电动机的作用。
2. 了解辅助电动机的控制。
3. 了解辅助设备的保护。

一、牵引通风机电动机

1. 牵引通风机作用

牵引电机通风系统由两台通风机来完成，每一台通风机冷却三台牵引电机，安装在机械室内。冷却风从顶盖通风窗进入，送入牵引通风机中，然后由牵引通风机通过通风道将冷却风送入牵引电机中进行冷却，最后排到大气。

2. 牵引通风机过流保护

牵引通风机自动开关 QA11、QA12 用于牵引通风机的故障保护和相应的逻辑控制。当牵引通风机过流造成自动开关断开后，自动开关主触点断开对应牵引通风机的供电电路（图 3-12）。自动开关辅助触点闭合，通过导线 401 或 402，将故障信号送到微机控制系统 TCMS（图 3-13），然后通过微机控制系统 TCMS 一方面送到微机显示屏，另一方面自动隔离对应变流柜内的 3 个主变流器单元，同时对应的 3 台牵引电机全部停止工作。

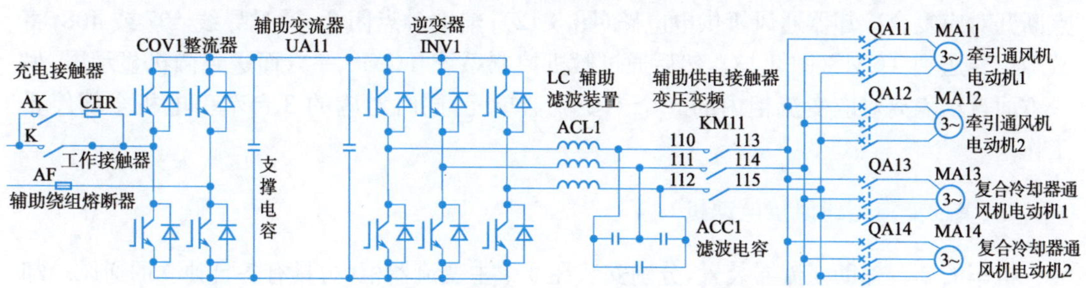

图 3-12　牵引通风机、复合冷却器通风机供电电路

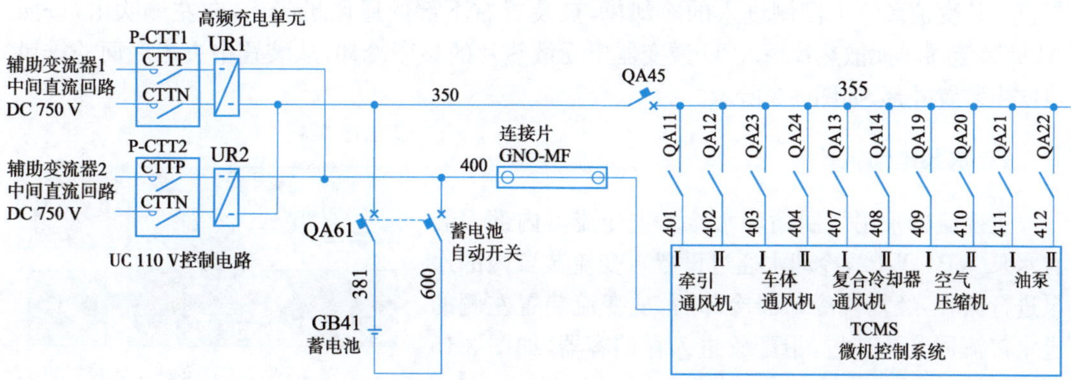

图 3-13　牵引通风机、复合冷却器风机、空气压缩机、油泵电机保护电路

二、复合冷却器通风机电动机

1. 复合冷却器通风机作用

为了同时对主变压器以及主变流器进行冷却，在尽可能近的部位设置由轴流通风机和冷却器构成的2组复合冷却器。复合冷却器上部为水散热器(冷却介质:45%纯水+55%乙二醇)，用于冷却主变流器；下部为油散热器(冷却介质:变压器油)，用于冷却主变压器。

2台复合冷却通风系统对2台复合冷却器进行独立冷却，安装在机械室内。冷却风从顶盖通风窗进入，送入通风机中，然后由通风机通过通风道送出冷却风对复合冷却器进行冷却，最后排到大气，如图3-14所示。

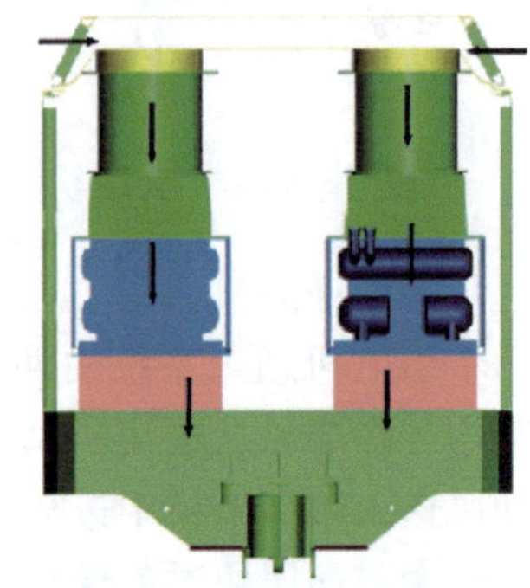

图3-14　复合冷却器通风支路

2. 复合冷却器通风机电动机的启动

机车为货运模式时，司机控制器换向手柄离开“0”位；或机车为客运模式时，司机控制器换向手柄在“0”位，只要主断路器闭合，辅助变流器1采用软启动方式投入工作，向牵引通风机电动机和复合冷却器通风机电动机开始供电。当调速手柄级位≤4级时，辅助变流器1输出电源频率为33 Hz。当调速手柄级位>4级时，辅助变流器1输出电源频率为50 Hz。

3. 复合冷却器通风机保护

当一台复合冷却器通风机电动机发生故障时，自动开关QA13或QA14断开，其主触点断开对应复合冷却器通风机供电电路(图3-12)；辅助触点闭合，通过导线407或408，将故障信号送到TCMS(图3-13)，然后通过微机控制系统TCMS一方面送到微机显示屏，另一方面自动隔离对应变流柜内的3个主变流器单元，同时对应的3台牵引电机全部停止工作。

三、辅助变流器通风机电动机

机车的2台辅助变流器装置，分别安装在2组主变流器柜内，具有各自独立的通风冷却系统，采用强制风冷方式。冷却风通过设置在变流装置内的辅助变流器通风机(APBM)来提供。从变流装置天棚侧进入的冷却风，被装置右下部的通风机吸入，向左侧吹出，按照APU整流器单元散热片→APU逆变器单元散热片的顺序冷却，从装置中央内底面的排风口吹出装置外部，如图3-3所示。

四、水泵电动机

主变流器采用强制循环水冷。主变流器内部安装有水泵WP1、WP2，冷却水通过设置在变流装置内的水泵进行循环，经复合冷却器冷却后，从变流装置左侧的进水口流回变流装置，沿配管进入存储容器，如图3-15所示。

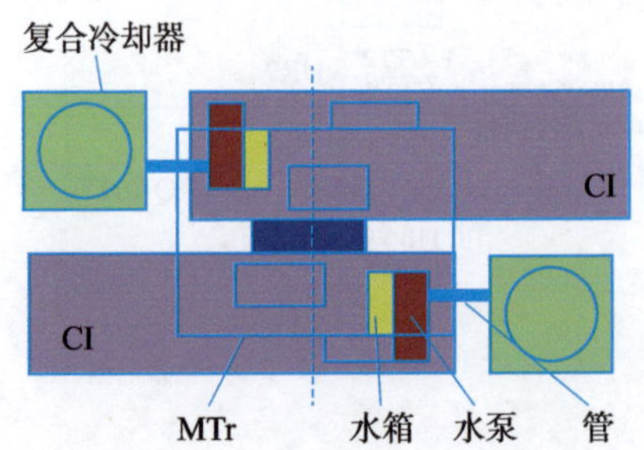

图3-15　主变流器水循环

主变流器冷却系统，通过流量计监测冷却水的流速，实现主变流器进口水压监测和保护。

五、油泵电动机

主变压器油箱出油区的热油被油泵抽出送入油散热器，通过散热翅片与冷却空气进行热交换后，由油箱进油侧进入线圈，在线圈内部流动、冷却，由线圈排油侧流出到油箱的出油区，如图 3-16 所示。

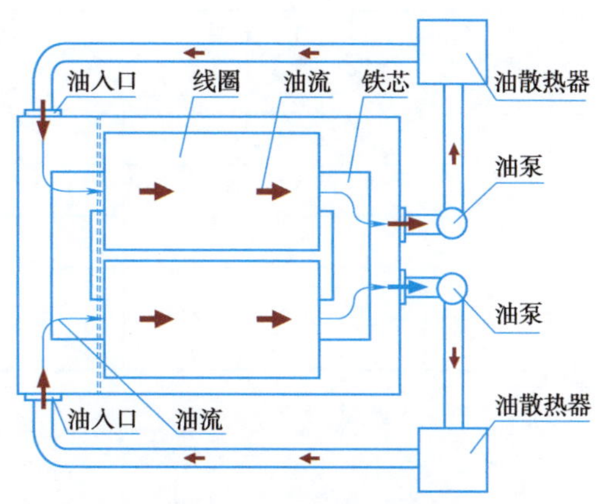

图 3-16 主变压器油循环

主变压器油泵电动机为 MA21、MA22，油泵自动开关 QA21、QA22 用于主变压器油泵的故障保护和相应的逻辑控制。当油泵自动开关断开后，其主触点断开对应油泵电动机供电电路；辅助触点闭合，通过导线 411 或 412，将故障信号送到微机控制系统 TCMS（图 3-13）。故障信号一方面送到微机显示屏，另一方面自动隔离对应变流柜内的 3 个主变流器单元，同时对应的 3 台牵引电机全部停止工作。

六、空气压缩机电动机

HXD3C 型电力机车采用两台螺杆式空气压缩机组作为系统风源，排风量每台不小于 2 400 L/min，为螺杆式压缩机组，其驱动电机为三相交流异步电动机。此空气压缩机组具有温度、压力控制装置，可以实现无负荷启动。空气压缩机组的开停状态由总风压力开关进行自动控制，也可以通过手动按钮强行控制开停。

压缩机设定为间歇运行模式，将压缩机扳键开关 SB45(SB46)置于“合”位，当总风缸压力低于(680±20) kPa 时，机车两台压缩机依次启动，投入工作；当总风缸压力低于(750±20) kPa 时，只有非操纵端压缩机投入工作；当总风缸压力升至(900±20) kPa 时，压缩机自动停止工作。

将压缩机扳键开关置于“强泵”位，两个压缩机依次启动，此时不受总风缸压力开关的控制，待总风缸压力升至(950±20) kPa 时，高压安全阀动作并连续排气，此时应停止压缩机工作，将扳键开关离开“强泵”位。

压缩机自动开关 QA19、QA20，用于空气压缩机的故障保护。当空气压缩机自动开关断开后，断开对应空气压缩机的供电电路，并将故障信号通过微机控制系统 TCMS 送到司机故障显示灯，同时断开对应空气压缩机的控制接触器线圈支路，使该接触器不能闭合，空气压缩机电动机不能得电，如图 3-13 所示。

任务实施

通过任务信息学习，总结归纳辅助电动机的数量、作用及故障后对机车运行的影响，填入表 3-4。

表 3-4　辅助电动机性能

辅助电动机	数　量	作　用	故障后对机车运行的影响
牵引通风机电动机			
复合冷却器通风机电动机			
辅助变流器风机电动机			
水泵电动机			
油泵电动机			
空气压缩机电动机			

任务评价

根据任务实施结果填写任务评价表 3-5。

表 3-5　任务评价表

序　号	评价项目	评价内容	分　值	得　分
1	知识点	牵引通风机电动机	10	
2		复合冷却器通风机电动机	10	
3		辅助变流器风机电动机	10	
4		水泵电动机	10	
5		油泵电动机	10	
6		空气压缩机电动机	10	
7	表达能力	仪态得体，逻辑严密，声音洪亮，讲解生动	20	
8	课堂表现	遵守课堂纪律，学习态度端正，积极配合教学安排	20	
小　　计			100	

巩固练习

1. 和谐型交流传动电力机车主变流器冷却系统，通过流量计检测冷却水的流速，实现主变流器________水压监测和保护。

2. 当牵引电机通风机发生故障隔离时，只有对应的________和牵引电机停止工作。

3. 当牵引通风机过流造成自动开关断开后，其主触点断开对应牵引通风机的供电电路，辅助触点将故障信号送到________。

4. 主变压器设有________个潜油泵，强迫变压器油进行循环冷却。

5. 主变压器油泵发生故障隔离时，其对应的________和牵引电机全部停止工作。

项目四
分析控制电路

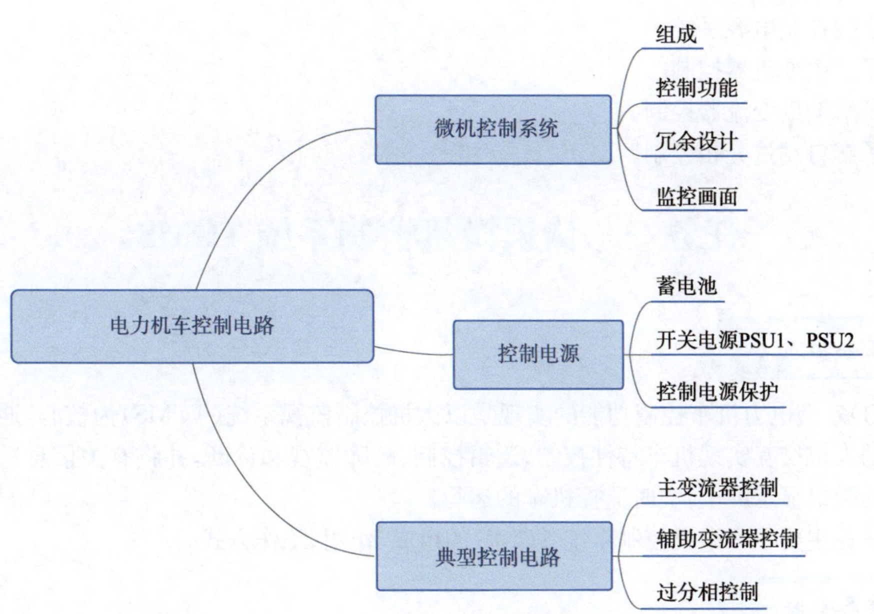

电力机车控制电路
微机控制系统
组成
控制功能
冗余设计
监控画面
控制电源
蓄电池
开关电源PSU1、PSU2
控制电源保护
典型控制电路
主变流器控制
辅助变流器控制
过分相控制

项目描述

电力机车控制电路是三大电路中最为复杂的电路，是一种逻辑电路，属于低压小功率电路。由司机控制器、低压电器、主电路与辅助电路中的各电器电磁线圈及各电器的联锁等组成，通过司机控制台上各扳键开关和司机控制器手柄位置操纵，完成对主电路、辅助电路中各电器设备的控制，从而完成对机车牵引、制动的操纵和控制。

控制电路就其功能而言是主令电路，即司机通过主令电路发出指令来间接控制机车主电路及辅助电路，以完成各种工况的操作。控制电路实现了低电压、小电流来控制主电路和辅助电路高电压、大电流的功能，因此为保障操作安全，控制电路均属低压电路。

学习目标

1. 掌握微机控制系统 TCMS 的作用。
2. 了解微机控制系统 TCMS 的组成。
3. 了解微机控制系统 TCMS 冗余热备工作方式。
4. 掌握控制电源系统。
5. 了解主变流器控制。
6. 了解辅助变流器控制。
7. 了解自动过分相控制。

任务一　认识微机控制系统 TCMS

HXD$_{3C}$ 型电力机车控制功能的实现是以微机控制监视系统（TCMS）为核心，通过司机与机车的人机交互实现机车特性控制、逻辑控制、故障监视和诊断，并将有关信息送到司机操纵台的微机显示屏上，实时监控机车的运行。

本任务主要学习微机控制系统 TCMS 的组成、作用、工作方式。

1. 掌握微机控制系统 TCMS 的作用。
2. 了解微机控制系统 TCMS 的组成。
3. 了解微机控制系统 TCMS 冗余热备工作方式。
4. 了解 TCMS 显示屏画面。

一、微机控制系统 TCMS 的组成

HXD$_{3C}$ 型电力机车的控制系统是以 TCMS 为核心，结合目前国内现有的机车运行安全

综合信息监控系统和CCBⅡ空气制动系统，配以机车外围电路来进行设计的，如图4-1所示。

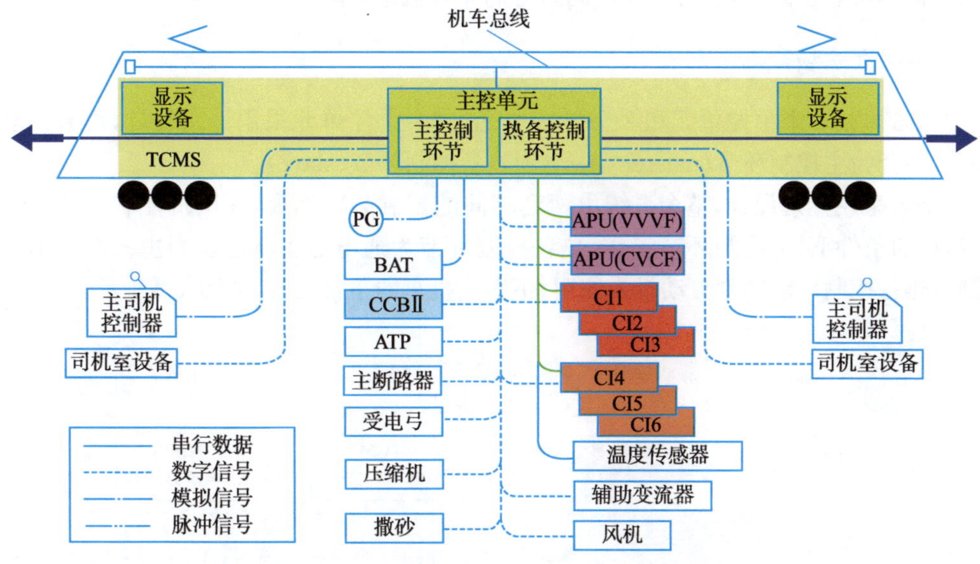

图4-1　HXD3C型电力机车TCMS控制系统组成

二、TCMS的控制功能

TCMS主要完成以下工作：通过人机接口接收所有输入指令，采集各种反馈信号进行相关处理和运算，生成相应控制指令，将命令以通信方式发送给主变流器、辅助变流器，并将计算结果控制故障信息有关参数送至显示屏显示，在重联时将重联命令通过网络传送。

主控单元在硬件上主要由电源模块、逻辑运算控制部分、数字量输入输出部分、模拟量信号采集部分、通信部分等组成。主控单元采用32位CPU，并在配置上采取冗余双机热备措施，以提高系统的可靠性。

TCMS控制功能总结如下：

(1)顺序逻辑控制：升、降受电弓，分、合主断路器，司机控制器的换向、牵引、制动，辅助电动机的逻辑控制，机车库内动车逻辑控制，主辅变流器库内试验逻辑控制。

(2)机车特性控制：恒牵引力/制动力＋准恒速特性控制。

(3)定速控制。

(4)辅助电动机的控制：除空气压缩机外，机车各辅助电动机根据机车准备情况，在外部条件具备的前提下，由TCMS发出指令，与辅助变流器同时启动、运行。

(5)空气压缩机根据总风缸压力情况，通过控制接触器的分合来实现控制。

(6)CCBⅡ制动机的电空网络控制。

(7)机车黏着控制：包括防空转、防滑行控制，轴重转移补偿控制。

(8)故障诊断、显示与保护：通过设在司机室的微机显示屏显示机车正常运行时的网压、原边电流、机车工况、级位、机车牵引力、机车速度等状态信息；正常运行时主变流器、辅助变流器等设备的工作状态；正常主断路器、辅助接触器、各种故障转换开关设备的开关状态；显示机车即时发生的故障信息，发生故障的设备、故障处理的方法等，并记录故障发生时的有关数据。

(9)机车重联控制:最多可以实施同型号的4台机车重联。

三、双机冗余热备工作方式

TCMS包括1个主控单元和2个显示单元,其中主控单元采用冗余设计,设有两套控制环节,一套为主控制环节(master),一套为热备控制环节(slave)。

TCMS采用冗余设计,整个系统由两套相同的控制装置构成,在微机控制系统TCMS正常运行的条件下,主控制环节工作,热备控制环节为通电热备状态。当主控制环节发生故障时,热备控制环节即刻自动投入使用,不影响机车的正常运行,如图4-2所示。

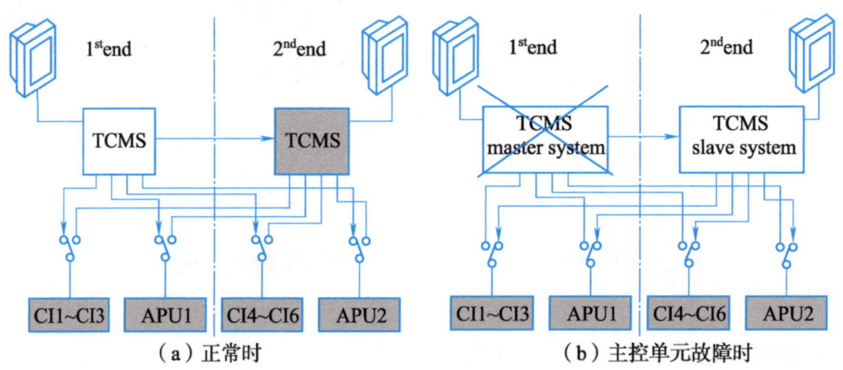

图4-2 双机冗余热备形式

四、TCMS监控画面

HXD3C型电力机车采用集中式微机控制系统,通过设在Ⅰ、Ⅱ端司机室的微机显示屏对主变流器、辅助变流器、控制电源柜、司机室控制开关等各种信息进行显示,使司机通过微机显示屏迅速掌握机车各种设备的工作状态和故障诊断。闭合蓄电池自动开关QA61(图4-3)后,微机显示屏将显示牵引/制动画面(图4-4)。

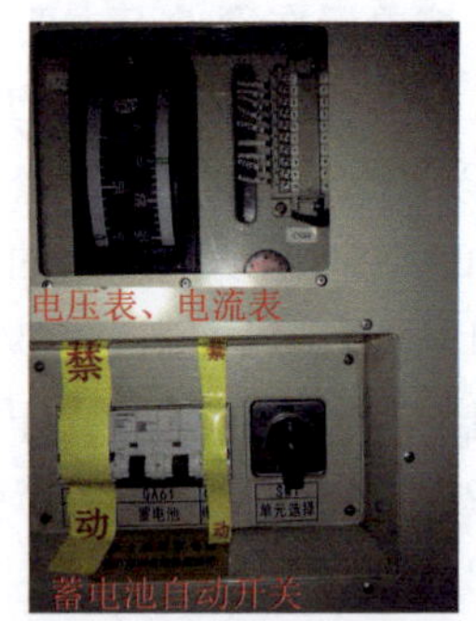

图4-3 蓄电池自动开关QA61

画面显示:受电弓状态、机车运行方向、牵引/制动工况、机车速度、司机控制器级位、主断路器状态、是否定速、无人警惕状态、接触网电压、主变压器原边电流、蓄电池电压、6台牵引电机牵引/制动力。

机车自身出现故障时,故障信息区显示,故障信息灯由"黑"变"红",并发出警报声;机车无故障时,故障信息区无任何显示。

显示屏底部一栏显示:机器状态、试运行、开放状态、检修状态、故障履历、亮度等。

显示部分设计的原则是显示简洁、明了醒目,但又兼顾现有的习惯。画面的上部为常显的信息,显示时间、速度、工况、级位、定速、无人警惕等;第二排为机车运行方向、受电弓、主断路器、撒砂、过分相、电机隔离、停放制动、空转状态等。

中间区域为主信息显示区,根据不同的工况、按键的选择,将显示牵引/制动的有关参数、机器的状态、开关等信息；底部为功能键区，由于采用触摸显示屏，因此它将根据不同的工况和选择，显示不同的功能键。显示模式在开机后根据不同工况来转换。

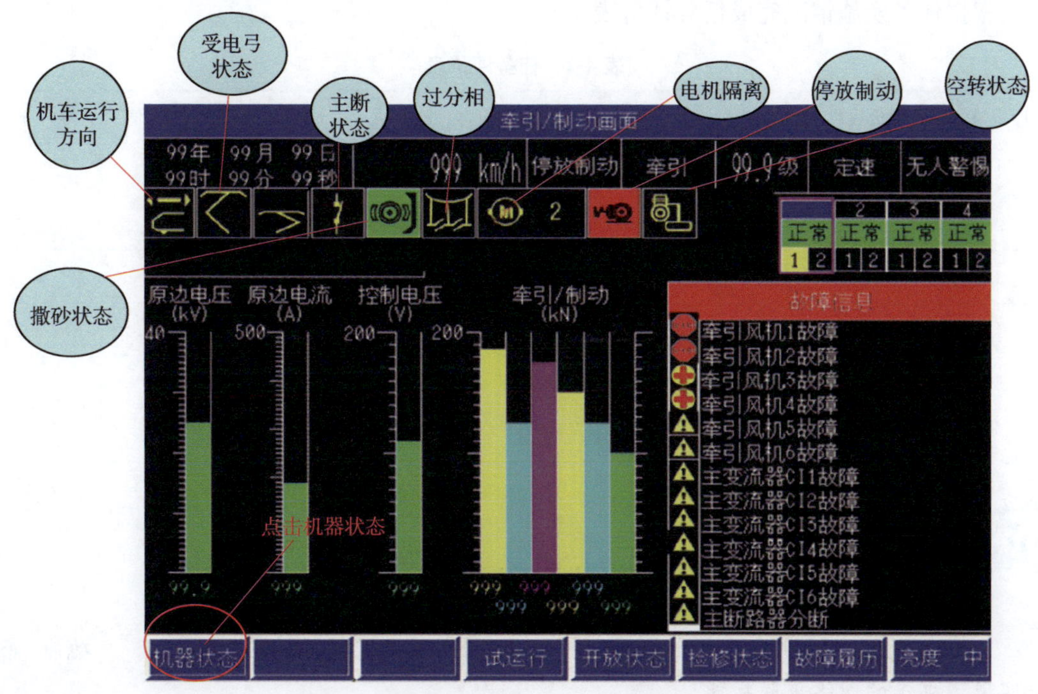

图 4-4　HXD3C 型电力机车牵引/制动画面

1. 通过 HXD3C 型电力机车 TCMS 的构成图，分析其主要完成的工作有哪些？

2. 分析微机控制系统 TCMS 冗余设计。

根据任务实施情况完成任务评价表 4-1。

表 4-1　任务评价表

序　号	评价项目	评价内容	分　值	得　分
1	知识点	HXD$_{3C}$ 型电力机车 TCMS 主要功能	20	
2		HXD$_{3C}$ 型电力机车 TCMS 监控画面各参数的含义	20	
3		TCMS 双机冗余热备工作方式	20	
4	表达能力	仪态得体，逻辑严密，声音洪亮，讲解生动	20	
5	课堂表现	遵守课堂纪律，学习态度端正，积极配合教学安排	20	
小　计			100	

一、填空题

1. HXD$_{3C}$ 型电力机车采用微机网络控制系统，实现了逻辑控制、____________功能，而且实现了机车的网络重联功能。

2. HXD$_{3C}$ 型电力机车的牵引、制动控制采用恒牵引力/制动力、____________特性控制方式。

3. HXD$_{3C}$ 型电力机车机车黏着控制包括防空转、防滑行控制、轴重转移____________控制。

4. 和谐型交流传动电力机车微机控制监视系统 TCMS 主要功能是实现机车特性控制、逻辑控制、故障监视和诊断，并将有关信息送到司机操纵台上的____________。

5. 和谐型交流传动电力机车的空转滑行保护、____________控制等不参与重联控制。

二、判断题

1. 和谐型交流传动电力机车牵引、制动控制采用恒牵引力(制动力)、准恒速特性控制方式。　(　　)

2. 当 HXD$_{3C}$ 型电力机车整台机车的 6 个轴的轮径差、轴重转移及空转等可能引起的负载分配不均匀时，可以通过牵引变流器的控制进行适当的补偿。　(　　)

3. HXD$_{3C}$ 型电力机车特性控制采用恒牵引力/制动力＋准恒速特性控制，实现对机车的控制要求。　(　　)

4. 机车主变流器装置的控制主要是按照司机控制器给定指令，由 TCMS 通过通信线传递给主变流器控制单元，按照机车牵引制动特性曲线，完成对牵引电机的控制。　(　　)

5. 微机控制监视系统 TCMS 采用冗余设计，设有两套控制环节，当主控制环节发生故障时，备用控制环节立即自动投入工作。　(　　)

三、简答题

1. 简述 HXD_{3C} 型机车 TCMS 的控制功能。

2. HXD_{3C} 型电力机车控制单元设备发生故障时，如何处理？

任务二　分析控制电源电路

25 kV 单相工频交流电经主变压器降压，由主变压器副边 6 个牵引绕组提供 AC 1 450 V 电源。辅助电路的电源来自主变压器副边 2 个辅助绕组，提供 AC 399 V 电源。

控制电路的电源由辅助变流器中间直流回路提供 DC 750 V 电源，经过高频电源后，变为 DC 110 V 为控制电路供电以及为蓄电池充电。

本任务主要学习控制电源的组成、作用以及保护。

1. 了解控制电源的工作原理。
2. 掌握控制电源柜的作用。
3. 了解控制电源的控制与分配。
4. 掌握控制电路电源的监测与保护。

一、110 V 控制电源

机车设有一个控制电源柜（含 DC 110 V 电源装置和蓄电池组），提供机车所需的 DC 110 V 控制电源，同时向蓄电池组充电。

DC 110 V电源装置中有两组功率为11 kW的开关电源单元PSU1和PSU2,输入电源来自UA11和UA12的中间直流电路。机车正常时,辅助变流器UA11向PSU1输入DC 750 V电源,辅助变流器UA12向PSU2输入DC 750 V电源。

开关电源单元PSU1和PSU2同时工作,PSU1给蓄电池充电,PSU2给机车控制电路提供DC 110 V电源,如图4-5所示。当其中一组开关电源单元故障后,控制系统经过自动切换,转由另一组开关电源单元给整车控制电路供电及蓄电池充电。若无法自动转换,可手动转换电源柜面板的SW1转换开关,转换到无故障的开关电源单元工作。

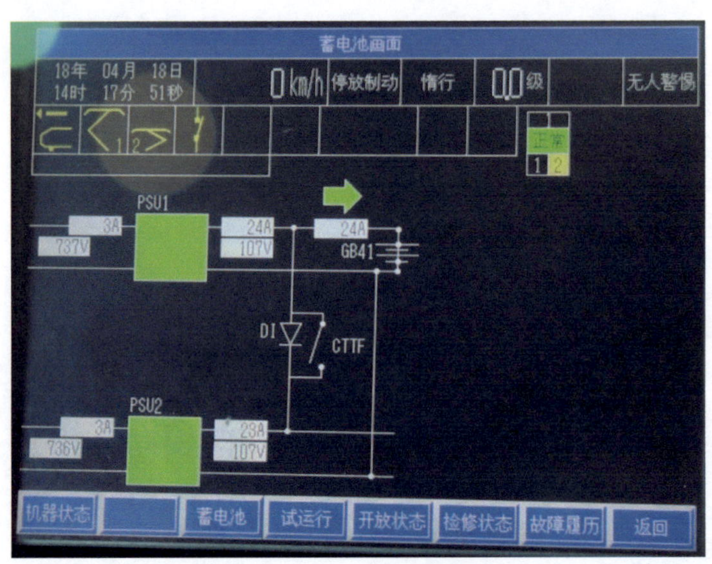

图4-5 DC 110 V控制电源

机车还设有一个外接的蓄电池充电插座XSC3,当蓄电池组亏电严重,低于机车电器的最低控制电压77 V,不能保证电源模块的正常工作时,作为蓄电池的备用充电插座,或机车调试检修时的外接电源的引入插座。

在两端操纵台上设置了控制电源电压表PV41、PV42,用于随时监视控制电源的电压情况,通过微机显示屏也可监视控制电源的电压情况。

蓄电池柜(含蓄电池)作为机车上备用控制电源和启动电源,它与电源柜并联运行,起着十分重要的作用,其作用主要有以下三点:

(1)当运行中110 V开关电源部分因故障切除时,由蓄电池柜提供维持机车故障运行的控制电源。

(2)当机车启动时由蓄电池柜提供升弓、低压试验和照明用的低压电源。

(3)与110 V开关电源并联运行时起滤波和稳定控制电源的作用。

二、控制电源控制与分配

机车控制电源由蓄电池经蓄电池自动开关QA61后与110 V电源装置并联提供。控制电路自动开关及参数见表4-2。

表 4-2　控制电路自动开关及参数

代号	QA41	QA42	QA43	QA44	QA45	QA46	QA47	QA48	QA49	QA50	QA51	QA52
名称	微机控制Ⅰ	微机控制Ⅱ	司机控制Ⅰ	司机控制Ⅱ	机车控制	主变流器	辅助变流器	列车供电柜Ⅰ	列车供电柜Ⅱ	制动柜	头灯	自动过分相
额定电流	10A	10A	10A	10A	10A	20A	10A	10A	10A	20A	10A	10A
代号	QA53	QA54	QA55	QA56	QA57	QA58	QA60	QA64	QA62	QA63	QA61	QA59
名称	司机室照明	机械间照明	车外照明	监控系统	信号系统	机车电台	直流加热	备用	辅助设备	电源装置	蓄电池	接地检测
额定电流	10A	10A	10A	10A	10A	10A	50A	10A	20A	10A	80A	10A

三、控制电源的监测与保护

1. 电流监测

低压电源柜可采集、监测 110 V 电源装置输出电流、蓄电池充放电电流等信号，并将这些信号通过网络传送到微机显示屏，供司机查看；并在低压电源柜上设有控制电压表及蓄电池充放电电流表，方便查看。

当 110 V 电源装置发生故障时，不仅通过 RS-485 网络向机车控制系统 TCMS 发出具体故障内容，同时也通过硬线向机车控制系统 TCMS 发送故障信号。

2. 低电压保护

机车控制系统具有控制电源的低电压保护功能，共分两级：

第一级，当控制电压低于 88 V 时，控制电源柜处蜂鸣器发声报警，同时微机显示屏弹出低压故障预警信息，状态显示模块“蓄电池亏电”灯亮。

第二级，当控制电压低于 77 V 时，控制系统断电保护，微机不能工作。

3. 单元转换

控制电源柜上设有单元选择转换开关 SW1，有以下三个位置：

(1)自动：由微机自动控制。如果其中一组电源出现故障，可自动切换。机车正常出库时，SW1 应在自动位，升弓合主断后，用微机屏辅助电源画面检查 PSU1、PSU2 状态，红色为故障，绿色为正常，黑色为中止。

(2)单元 1：PSU1 工作。当 PSU1 出现故障，不能自动切换。

(3)单元 2：PSU2 工作。当 PSU2 出现故障，不能自动切换。

1. 低压电源柜的电源从哪里来？如何完成对蓄电池充电的？

2. 控制电源的低电压保护功能分为哪两级？

根据任务实施完成结果填写任务评价表 4-3。

表 4-3 任务评价表

序号	评价项目	评价内容	分值	得分
1	知识点	控制电源柜的作用	15	
2		蓄电池柜的作用	15	
3		控制电源的保护	15	
4		单元选择转换开关 SW1 的作用	15	
5	表达能力	仪态得体，逻辑严密，声音洪亮，讲解生动	20	
6	课堂表现	遵守课堂纪律，学习态度端正，积极配合教学安排	20	
小计			100	

一、填空题

1. XSC3 是一个设在机车外接的____________插座，当蓄电池组馈电严重，作为蓄电池的备用充电插座。

2. XSC3 也可作为____________时的外接电源的引入插座。

3. 控制电源的电压的监测是通过两块电压表____________，并通过微机显示屏监视控制电源的电压情况。

4. 控制电源电压不得低于____________V 时，控制系统断电保护。

二、判断题

1. HXD3C 型电力机车每组辅助变流器，均可向 110 V 充电模块提供 DC 350 V 电源。（ ）

2. HXD3C 型电力机车辅助变流器的中间直流回路同时给 110 V 电源充电模块供电。（ ）

3. DC 110 V 充电电源模块 PSU 含两组电源，通常只有一组电源工作，故障发生时另外一组电源自动启动，供给负载电源。（ ）

4. DC 110 V 充电电源模块 PSU 输出电压为 DC 110 V。（ ）

5. DC 110 V 控制电源采用的是高频电源模块 PSU 与蓄电池串联，共同输出的工作方式。（ ）

三、简答题

列举控制电源的监测与保护措施。

任务三　分析主变流器控制电路

HXD3C 型电力机车机设有两组完全相同的变流柜 UM1、UM2，每组变流柜中有 3 个主变流器单元，用以控制三台牵引电机。不同的是，变流柜 UM1 的装置识别信号设定为 110 V，变流柜 UM2 的装置识别信号设定为 0。机车主变流器的控制是微机控制系统 TCMS 根据司控器给定指令，通过 RS-485 网络传送给主变流器控制单元，并按照机车的牵引/制动特性完成对牵引电机的控制。

本任务主要学习主变流器控制过程。

1. 掌握主变流器控制原理。
2. 掌握主变流器允许投入信号。
3. 了解主变流器投入控制。

HXD3C 型电力机车设有两组完全相同的变流柜 UM1、UM2，每组变流柜中有 3 套主变流器单元，用以控制 3 台牵引电机。下面以变流柜 UM1 的控制进行说明。

机车主变流器的控制是微机控制系统 TCMS 根据司控器给定指令，通过 RS-485 网络传送给主变流器控制单元，并按照机车的牵引/制动特性完成对牵引电机的控制。牵引电机的速度传感器 BV41、BV42、BV43 将信号反馈回主变流器，完成对牵引电机速度的闭环控制，有效地实施机车的防空转、防滑行保护，并对机车的轴重转移进行补偿。

主变流器的控制如图 4-6 所示。

1. 主变流器允许投入信号

主变流器允许投入前必须具备的信号有：牵引风机风速继电器 KP41(KP46)和主变压器油流继电器 KP49(KP50)信号。当风速和油流继电器均正常闭合时，说明主变流器工作的外围条件具备，可以投入运行。

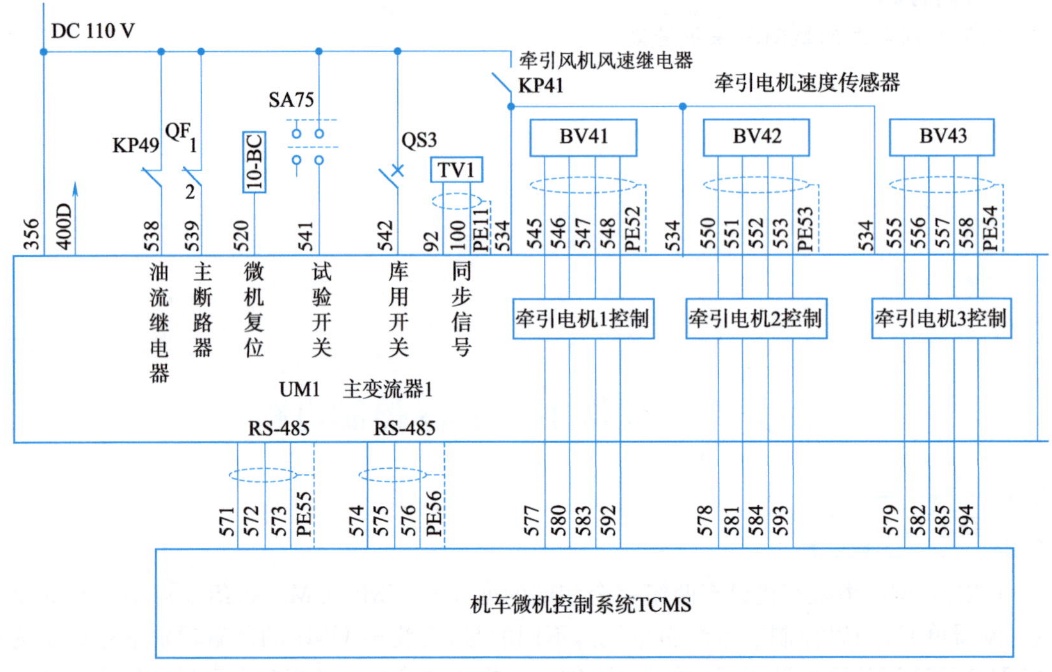

图 4-6 主变流器控制

2. 主变流器投入

主变流器控制单元与 TCMS 的接口信号通过两套通信线，还设有主变流器隔离、工作、功率预备和故障等信号。同时为满足主变流器工作需要，在主变流器的控制单元内引入高压电压互感器 TV1 同步信号。

3. 主变流器实时保护

主变流器发生接地、副边过流、牵引电机过流、主变流器自身器件发生故障时，故障信号送 TCMS，同时进行自动故障隔离，并在司机显示屏中给出提示，指导司机进行有关故障隔离等的操作。

4. 主变流器故障隔离控制

当由于某种原因，如牵引电机发生故障、主变流器支路发生接地等，需要对某个主变流器单元或牵引电机进行隔离时，可以通过微机显示屏隔离软按键进行相应变流器的隔离，使之停止工作，如图 4-7 所示。

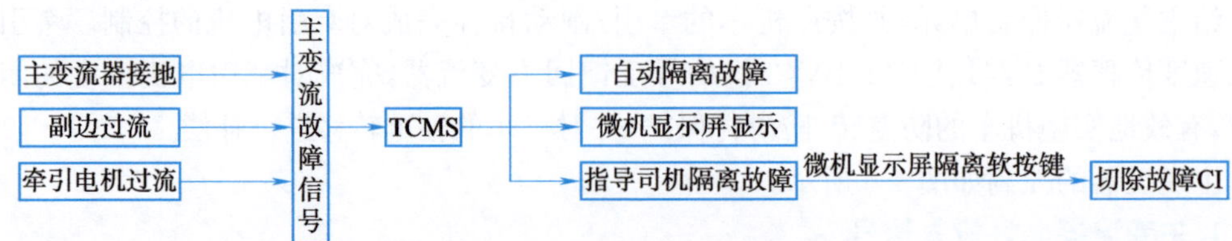

图 4-7 主变流器故障控制流程

一组或几组 CI 故障时，可通过 TCMS 微机显示屏的触摸开关将故障的 CI 切除。

5. 主变流器装置试验开关 SA75

试验开关用于在低压试验或机车出厂前时对主变流器的控制单元进行试验检查，确认其是否工作正常。

6. 库内动车信号

库内电源经主电路入库插座 XSM1/XSM2 和主电路，库用开关 QS3/QS4，送到二、五位牵引电机的主变流器单元，进行库内动车。

通过库用开关 QS3 或 QS4 送到主变流器控制单元，用于在库内动车时主变流器按照特定的控制程序工作。

7. 微机复位

机车发生微机故障，不能自行恢复时，故障信息在司机室信息显示单元中显示出来，司机可以根据提示，通过按动故障复位按钮 SB61(SB62)1 次，实现故障的恢复。

1. 写出 KP49/KP41/QF1/SA75/QS3/BV41/BV42/BV43 对应的设备名称。

2. TCMS 与主变流器之间的通信，是通过什么方式实现？

3. 根据主变流器实现的控制功能，画出主变流器控制流程图。

根据任务实施结果填写任务评价表 4-4。

表 4-4　任务评价表

序　号	评价项目	评价内容	分　值	得　分
1	知识点	主变流器控制主要实现功能	20	
2		主变流器允许投入前应具备的信号	20	
3		TCMS 与主变流器的通信方式优点	20	
4	表达能力	仪态得体,逻辑严密,声音洪亮,讲解生动	20	
5	课堂表现	遵守课堂纪律,学习态度端正,积极配合教学安排	20	
小　计			100	

一、填空题

1. TCMS 与主变流器之间的通信通过________,将有关控制指令信息送到主变流器,达到整车联控目的。

2. 当机车在正常运行中发生微机故障,不能自行恢复时,故障信息在司机室________显示出来,司机可以根据提示,通过按动故障复位按钮________(SB62)________次,实现故障的恢复。

3. 牵引电机的速度传感器________、________、________(BV44、BV45、BV46)将信号反馈回主变流器,完成对牵引电机速度的闭环控制。

4. 机车设有两组完全相同的变流柜 UM1、UM2,每组变流柜中有________主变流器单元,用以控制三台________。

5. 变流柜 UM1 的装置识别信号设定为________V,变流柜 UM2 的装置识别信号设定为________V。

6. 库内动车信号通过库用开关 QS3 或________送到________控制单元,用于在库内动车时主变流器按照特定的控制程序工作。

二、判断题

1. 变流柜 UM1 的装置识别信号设定为 0,变流柜 UM2 的装置识别信号设定为 110 V。　(　　)

2. 当风速和油流继电器均正常闭合时,说明主变流器工作的外围条件具备,可以投入运行。　(　　)

3. 为满足主变流器工作需要,在主变流器的控制单元内引入高压电压互感器 TV2 同步信号。　(　　)

4. 主变流器控制单元与 TCMS 的接口信号有 2 套通信线。　(　　)

三、简答题

主变流器发生接地、副边过流故障时,要做出哪三个方面的操作?

任务四　分析辅助变流器控制电路

机车设有两套控制电路基本一致的辅助变流器装置 UA11、UA12，两台辅助变流器的电源均由自动开关 QA47 引入到控制电路。两套辅助变流器启动的条件和工作模式并不相同。

本任务主要学习辅助变流器的控制过程。

1. 掌握辅助变流器启动条件。
2. 掌握辅助变流器故障后自动切换控制。

机车两套辅助变流器装置 UA11、UA12 的控制电路基本一致。不同的是，货运模式在正常情况下，变流器装置 UA11 设定为变频变压（VVVF）工作方式，当主断路器闭合、换向手柄离开零位后，UA11 开始工作，如图 4-8 所示；辅助变流器装置 UA12 设定为恒频恒压（CVCF）工作方式，只要主断路器闭合，UA12 就开始投入工作。

图 4-8　辅助变流器 UA11 启动控制

当机车某一辅助变流器发生故障，故障的辅助变流器能及时发信息给 TCMS，通过 TCMS 的控制，自动完成输出电磁接触器的动作转换：若辅助变流器 UA11 发生故障，则电磁接触器 KM11 断开，电磁接触器 KM20 闭合；若辅助变流器 UA12 发生故障，则电磁接触器 KM12 断开，电磁接触器 KM20 闭合。故障的辅助变流器将信息传递给另一组辅助变流器，使其工作在 CVCF 方式，同时，故障的辅助变流器被隔离，此时所有辅助电动机全部由另一套辅助变流器供电，牵引电机通风机和冷却塔通风机将正常满功率工作，如图 4-9 所示。

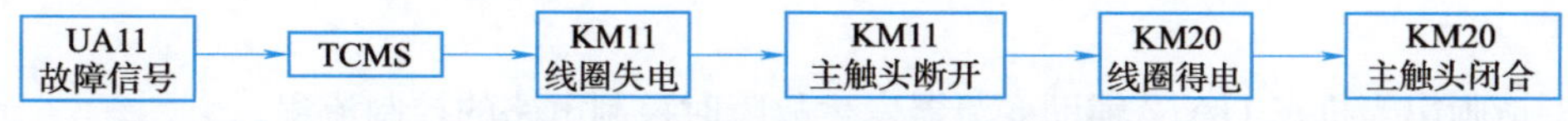

图 4-9　机车发生故障时 UA11 控制逻辑

为便于辅助变流器的隔离，在微机显示屏内设置了辅助变流器开放开关，通过触摸开关进行隔离。正常情况下，这些开关均闭合。当由于某种原因，需要进行隔离操作时，可以通过微机显示屏进行相应辅助变流器的隔离。

1. 对照辅助变流器 UA11、UA12 的控制电路图，如图 4-10 所示。填写 KM11/KM12/KM20 及对应的名称，并说明辅助变流器的控制功能有哪些？

2. 参照辅助变流器 UA11、UA12 的控制电路图，如图 4-10 所示。找出辅助变流器控制电路的电源从哪里来？

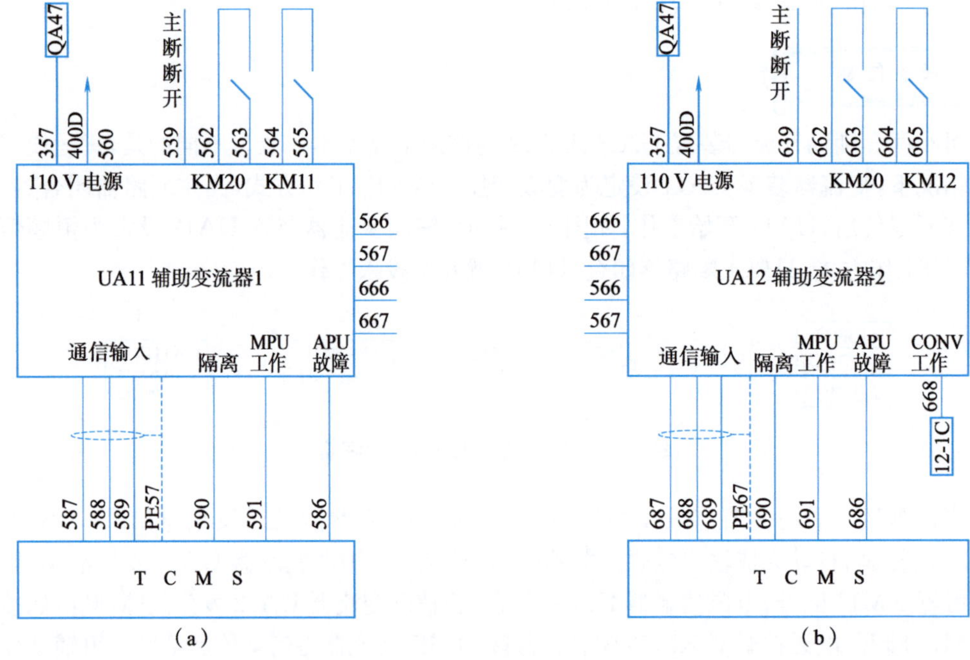

图 4-10　辅助变流器控制图

3. 请画出当机车 UA12 辅助变流器发生故障时控制电路的控制流程。

根据任务完成结果填写任务评价表 4-5。

表 4-5　任务评价表

序　号	评价项目	评价内容	分　值	得　分
1	知识点	辅助变流控制主要实现功能	20	
2		辅助变流器 UA11、UA12 的启动顺序	20	
3		辅助变流器 UA11、UA12 故障时的切换及切换后的工作方式	20	
4	表达能力	仪态得体，逻辑严密，声音洪亮，讲解生动	20	
5	课堂表现	遵守课堂纪律，学习态度端正，积极配合教学安排	20	
小　计			100	

一、填空题

1. 辅助变流器装置 UA11 设定为变频变压__________工作方式，当主断路器闭合、换向手柄离开零位后，__________开始工作；辅助变流器装置 UA12 设定为恒频恒压__________工作方式，只要主断路器闭合，UA12 就开始投入工作。

2. 机车主断路器闭合后，由__________发出命令，闭合辅助变流器 UA12 输出电磁接触器__________，并将信息传递给辅助变流器控制单元，由辅助变流器控制单元发出指令，控制辅助变流器__________启动。

3. 当机车某一辅助变流器发生故障，故障的辅助变流器能及时发信息给__________，通过 TCMS 的控制，自动完成输出__________的动作转换。

4. 为确保辅助变流器正常工作，将电磁接触器__________、__________、__________的信号引入辅助变流器控制单元。

二、简答题

辅助变流器 UA12 发生故障时，如何实现转换？

任务五　过分相控制

电气化铁路的牵引动力装置是电力机车，机车本身不带能源，所需能源由铁路附近的牵引变电所将电流通过接触网传输给机车。由于我国电气化铁路采用的是单相工频交流供电制式，为了平衡三相供电负荷，接触网不可避免地要设置电分相设施。机车在通过分相时，经过一系列操作，使机车断电后才能通过。

本次任务主要学习半自动过分相、自动过分相的工作原理及电路分析。

1. 掌握过分相的方式。
2. 掌握半自动过分相的操作。
3. 了解自动过分相控制过程。

机车可以采用三种方式通过分相区：全自动方式、半自动方式和手动方式。微机显示屏对全自动方式和半自动方式进行信息显示。

一、半自动过分相

半自动过分相按钮 SB67(SB68)为自复位按钮，机车通过分相区前，司机可以按动“半自动过分相”按钮一次，机车采用半自动方式通过分相区。

快到分相区时，将司控器手柄回 0 位，司机可以按动“过分相”按钮 1 次，机车进入半自动过分相状态。首先，机车断开主断路器，辅助变流器、主变流器停止工作，机车通过高压电压互感器检测机车网压变化情况，当确认机车通过分相区，接触网电压恢复至正常值并延迟一定时间后，自动闭合主断路器，启动辅助变流器、主变流器等，并使机车状态恢复到过分相区前的状态。

二、自动过分相

机车装有自动过分相检测装置 AE5。装置设有 4 个信号感应接收装置 T1、T2、T3 和 T4，用于进行分相区前后的信号检测，如图 4-11 所示。

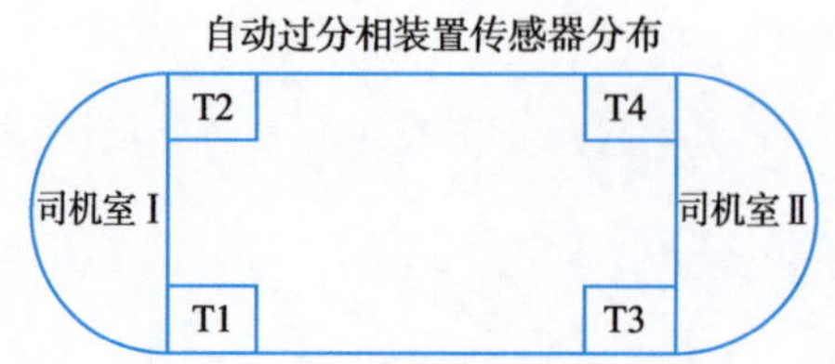

图 4-11　信号感应接收装置的分布

自动过分相设备结构：在离分相区两端约 60 m 处的线路上，左、右各埋 1 块磁铁，一个分相区只需要 4 块磁铁，如图 1-15、图 1-16 所示。机车头部靠近铁轨处左右各设 1 个感应器，当机车通过磁铁时，感应器就接收到信号，再由感应器向机车微机控制系统发送 110 V 电平的预告信号。机车微机控制系统在收到该预告信号后延迟一定时间，向感应器发出一个 20 ms 宽、110 V 电平的复位信号，使感应器复位，预告信号随之消失。所延迟的时间用于完成对预告信号的确认，封锁触发脉冲，等待电机电流衰减和断开主断路器，并留有一定余量。但延时时间不能太长，必须保证机车开始进入分相区时使感应器复位，以便进行下一次的检测。当机车驶离分相区时，感应器也相应动作，机车在经过同样延时后再次使感应器复位，为线路上车辆的双向行驶做好准备。

AE5 与 TCMS 之间有以下开关量的传递：信号 497 表示状态正常；信号 499 表示机车通过分相区前的预告信号或者是通过分相区后的恢复信号；信号 498 表示机车通过分相区前的强迫信号；信号 491 是 TCMS 送给 AE5 的机车Ⅰ端向前运行指令；信号 492 是 TCMS 送给 AE5 的机车Ⅱ端向前运行指令，如图 4-12 所示。

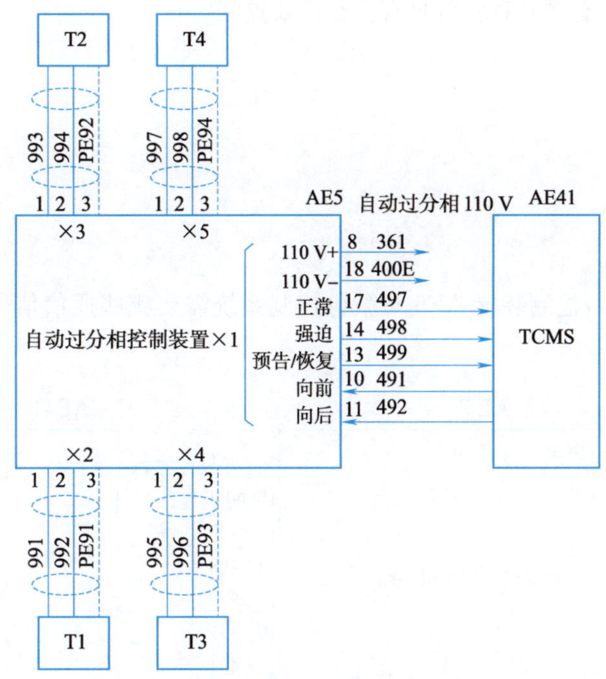

图 4-12　自动过分控制

当机车运行的线路区段在分相区前后装有地面感应器时，机车自动过分相检测装置将起作用。该装置通过向微机控制系统提供过分相区的信息：预告信号、恢复信号 499、强迫信号 498，待微机系统确认后，封锁触发脉冲，延时断开主断路器，惰行通过无电区。通过无电区后，机车会自动检测网压从无到有的跳变并确认，再合主断路器，顺序启动辅机等。

机车微机控制系统 TCMS 可以保证机车每次通过分相区时，除分相预告信号与地面设施有关外，其余一切操作都由动车组自动完成，无需人工干预，司机不需要做任何操纵，微机控制系统即可自动跳主断，待通过分相区后，又能自动合主断，并保证机车恢复至通过分相区前的运行状态。

三、手动过分相

当机车接近分相区时，司机手动执行卸载、分主断操作。待机车通过分相区后，手动执行合主断、加载等操作。

1. 分析铁路上有一段“无电区”的原因。

2. 过分相的方式有哪几种？各自有什么优缺点呢？

3. 自动过分相时，检测装置 AE5 与微机控制系统需要哪些通信信号？请在图 4-13 中补充完整。

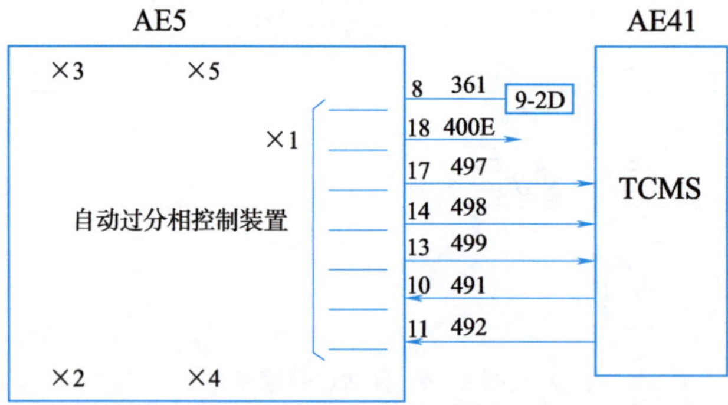

图 4-13　自动过分相控制原理

根据任务完成结果填写任务评价表 4-6。

表 4-6 任务评价表

序 号	评价项目	评价内容	分 值	得 分
1	知识点	“半自动过分相”的操作	20	
2		自动过分相时各信号的传输过程	20	
3		TCMS 在自动过分相时的作用	20	
4	表达能力	仪态得体，逻辑严密，声音洪亮，讲解生动	20	
5	课堂表现	遵守课堂纪律，学习态度端正，积极配合教学安排	20	
小 计			100	

巩固练习

一、填空题

1. 机车装有__________检测装置 AE5，装置设有 4 个信号感应接收装置 T1、T2、T3 和 T4，用于进行__________前后的信号检测。

2. 半自动过分相按钮是__________或__________，它们是__________按钮。

3. 自动过分相检测装置 AE5 与 TCMS 之间传递的是__________量。

4. 自动过分相时，机车运行的线路区段在分相区前后装有__________，该装置通过向__________提供过分相区的信息。

5. 机车微机控制系统保证在自动过分相区时，可自动跳__________，待通过分相区后，又能自动__________。

6. 机车装有自动过分相检测装置 AE5，该装置保证机车每次通过分相区时，司机__________做任何操纵。

二、简答题

1. 和谐型交流传动电力机车过分相有哪几种方式？

2. HXD3C 型电力机车“半自动过分相”如何操作？

项目五
高低压试验与机车操纵

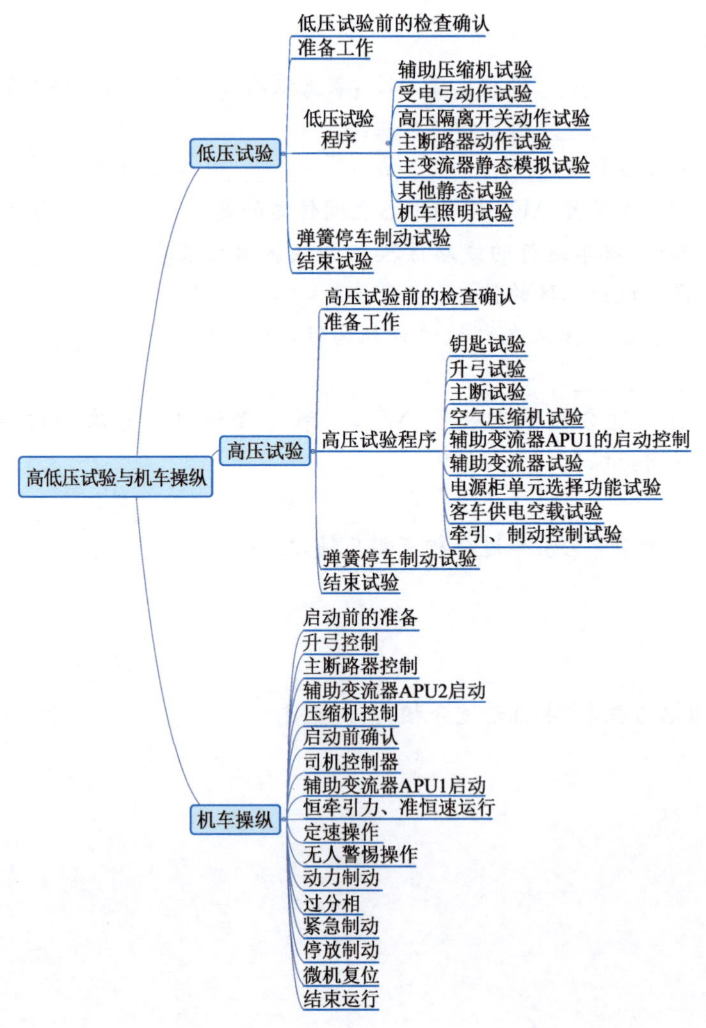

电力机车高低压试验是机车全面检查的一个重要部分，通过试验可以确认机车电气部件是否正常工作，相互配合是否正确，用动态检车方法对机车进展全面检查。HXD3C 型电力机车应按照一定的程序进行整备检查和操纵试验，符合相关要求方可使用。

1. 掌握 HXD3C 型电力机车低压试验前的准备内容。
2. 掌握 HXD3C 型电力机车低压试验程序及要求。
3. 掌握 HXD3C 型电力机车高压试验前的准备内容。
4. 掌握 HXD3C 型电力机车高压试验程序及要求。
5. 掌握 HXD3C 型电力机车操纵及要求。

任务一　低压试验

机车低压试验目的是检查机车各电气设备的连接是否正确，各电气设备的执行机构动作是否正常，相互逻辑关系是否正确，消除检修中造成的错接、漏接等现象。低压试验前应对机车上安装的各种电气部件或组件以及电气线路做一次一般性的检查，并对某些电气和机械设备进行必要的操作。在整个低压试验过程中，参与试验的人员应集中精力、密切配合，使整个试验过程尽量缩短，以便使机车尽早投入运用。正常运用的机车，某些试验内容可以简化、某些电气动作仅在司机室凭听觉即可判断是否正确。但对于检修后的机车，由于在检修过程某些部件被更换、解体或局部解体，因而可能发生安装及接线错误或者更换后部件本身不良等现象，对这些电气部件的动作情况必须予以确认。

本任务主要学习低压试验的操作过程以及现象，进行详细分析，以便对故障进行分析和处理。

1. 掌握低压试验的准备工作。
2. 掌握低压试验程序内容。
3. 了解低压试验操作及要求。

任务信息

一、低压试验前的检查确认

(1)确认车顶无人、车顶门锁闭。

(2)确认接地开关 QS10 在“工作位”位,高压柜门锁闭,钥匙箱正常。

管路柜上设置了一把蓝钥匙,用来控制受电弓的气路(图 5-1)。受电弓气路在开通位,蓝钥匙无法拔出。要取出蓝钥匙,首先保证受电弓在降弓位、主断路器在断开位,旋转蓝钥匙至横位,受电弓气路被切断,拔下蓝钥匙插入高压柜下部的高压接地开关 QS10(图 5-2),旋转蓝钥匙并将接地开关转换到接地位,此时蓝钥匙无法拔出,可将黄色钥匙取出并插入钥匙箱,此时绿钥匙可被取出(图 5-3)。绿钥匙可以打开车顶门、高压柜门、变流器柜门等。需要特别注意的是,为了确保机车操作人员及检修人员的安全,严禁在接触网通电状态下打开车顶门。

图 5-1　蓝钥匙

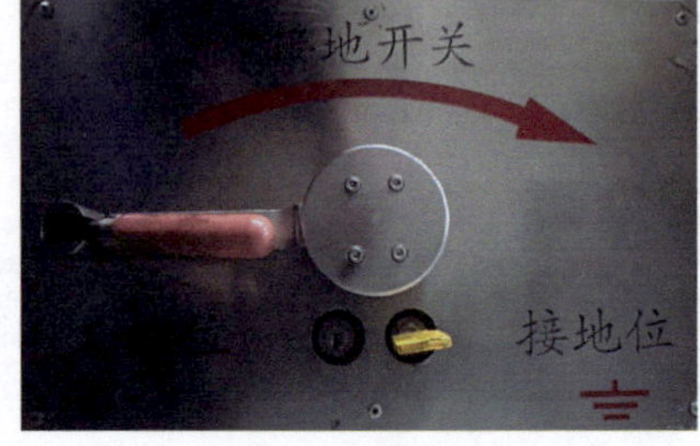

图 5-2　接地开关

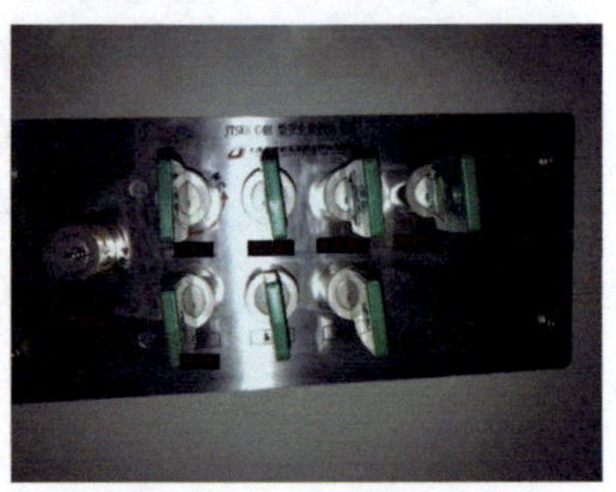

图 5-3　绿钥匙

(3)检查各管路塞门在正常位,各开关正常位,总风压力不低于 750 kPa,机车制动缸压力 300 kPa,做好防溜。

(4)确认司机控制器换向手柄、调速手柄均在“0”位。

二、准备工作

(1)闭合蓄电池自动开关 QA61,蓄电池电压表电压不低于 96 V,如图 5-4 所示。

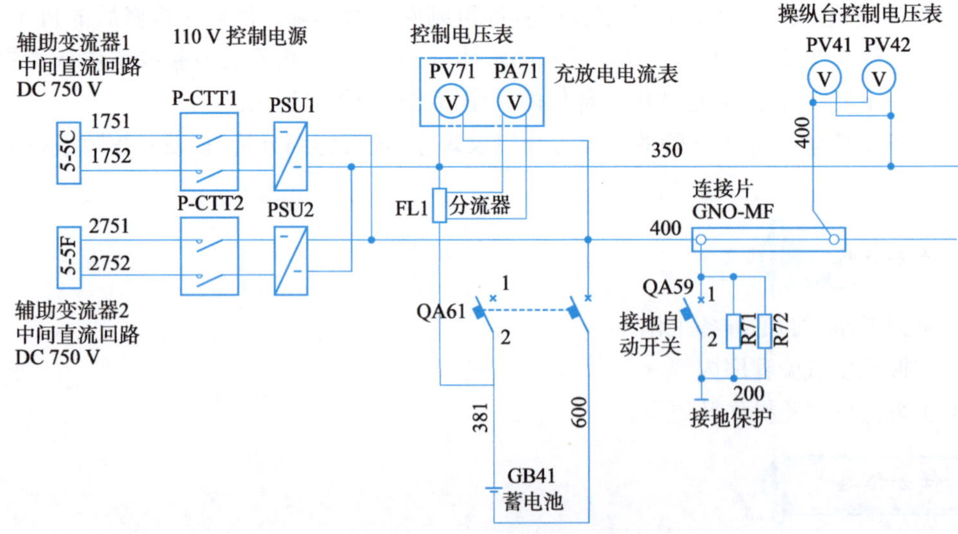

图 5-4　控制电源电路

机车控制系统具有控制电源的低电压保护功能,共分两级。第一级,当控制电压低于

88 V时，低压电源柜处蜂鸣器发声报警，同时微机显示屏弹出低压故障预警信息，状态显示模块“蓄电池亏电”灯亮；第二级，当控制电压低于77 V时，控制系统断电保护。

(2)闭合电钥匙SA49(SA50)，TCMS得电开始自检。通过TCMS微机显示屏确认主变流器MPU/辅助变流器APU和制动系统的状态是否正常，输入信号是否正确，如图5-5所示。图中显示只是TCMS界面，显示数据和颜色可能与实际不符，后面的TCMS显示画面与此类同。

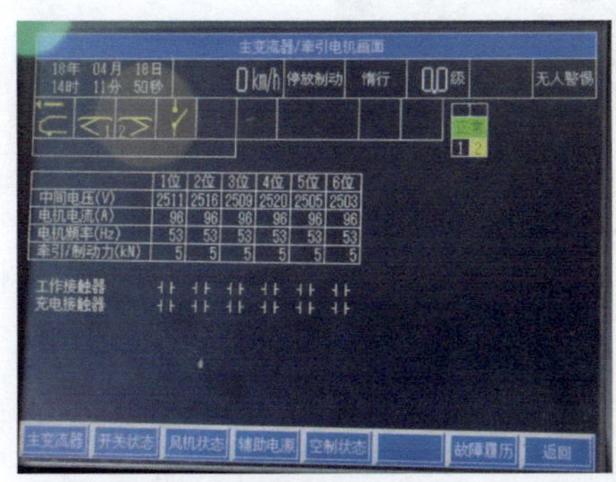

(a) 主变流器/牵引电机画面

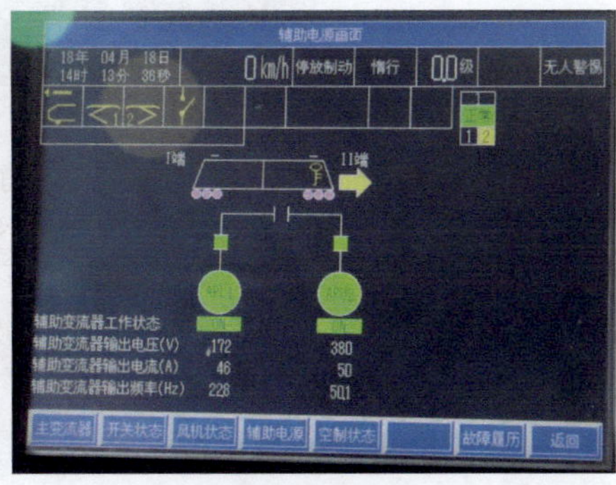

(b) 辅助电源画面

图5-5　主变流器、辅助变流器画面

(3)状态指示灯中“微机正常”“主断分”“停车制动”指示灯亮。按压状态指示灯自检键，确认所有指示灯均点亮，如图5-6所示。

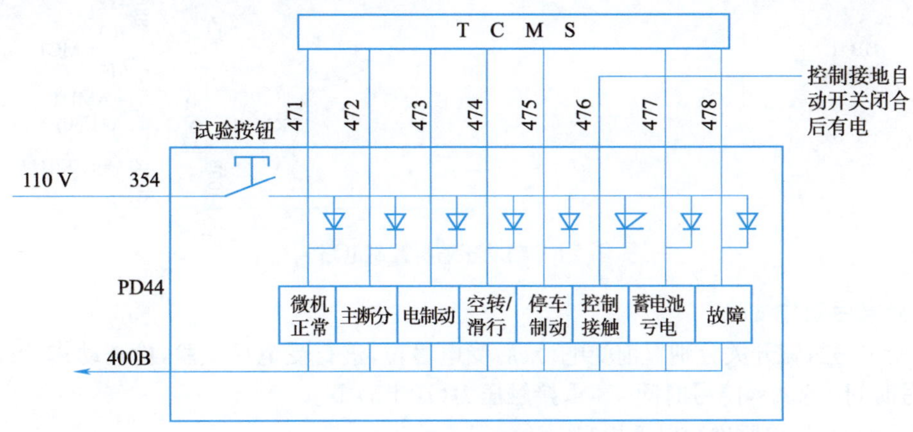

图5-6　指示灯自检电路

三、低压试验程序

1. 辅助压缩机试验

按下辅助压缩机(图5-7)按钮SB97(图5-8)，辅助压缩机接触器KMC1得电闭合(图5-8)，辅助压缩机开始工作。观察空气管路柜处的压力表，当气压达到(735±20) kPa时，辅助压缩机自动停止工作。

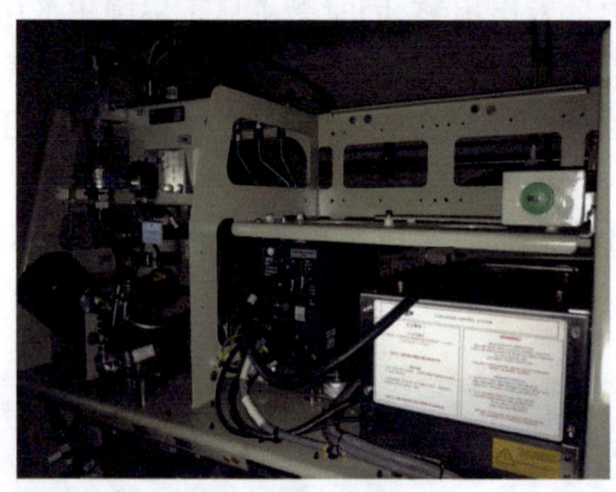

图 5-7　辅助压缩机

注意：辅助压缩机不宜长时间和频繁启动，打风时间应在 10 min 内再次投入工作需要间隔 20 min。若超过 10 min 还没有停机，应断开 QA45 和 QA62(图 5-8)，检查相应空气管路是否泄漏。

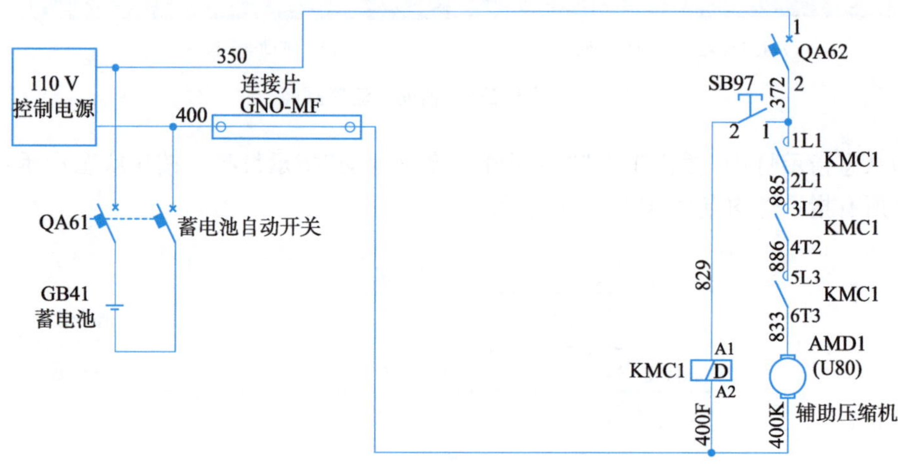

图 5-8　辅助压缩机控制电路

2. 受电弓动作试验

将受电弓扳钮开关分别置前受电弓、后受电弓位，进行受电弓试验，检查动作情况。要求：升弓时间<5.4 s，降弓时间<4 s，接触压力(70±5) N。

如不能升弓，需要进行以下检查：

(1)检查受电弓隔离开关 SA96、高压隔离开关 QS1(QS2)。

(2)检查司控器自动开关 QA43(QA44)、QA45(QA46)，如图 5-9 所示。

(3)检查升弓电磁阀状态。如果确认气路没有问题，确认升弓阀板压力表有无压力显示，如图 5-10 所示。无显示，则为电磁阀故障。

(4)确认总风缸塞门 A24 在开启位

(5)检查升弓气路风压。如低于 480 kPa，可启动辅助压缩机。

(6)蓝色钥匙是否处于垂直位置。

(7)升弓塞门 U98(受电弓控制单元)是否置于开放位。

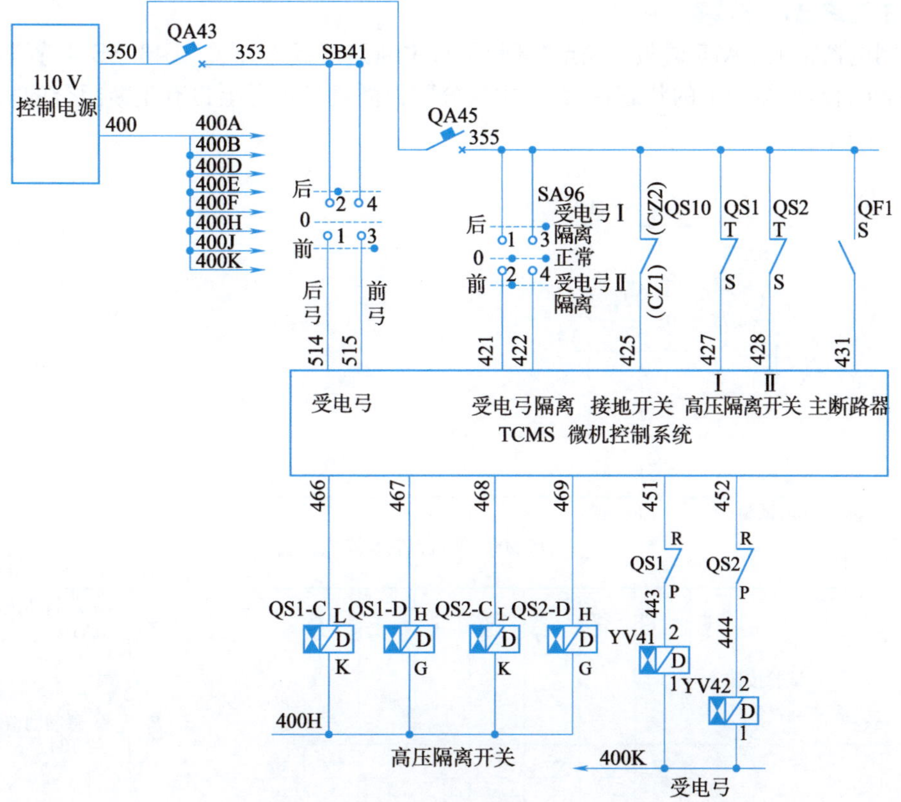

图 5-9　受电弓电路

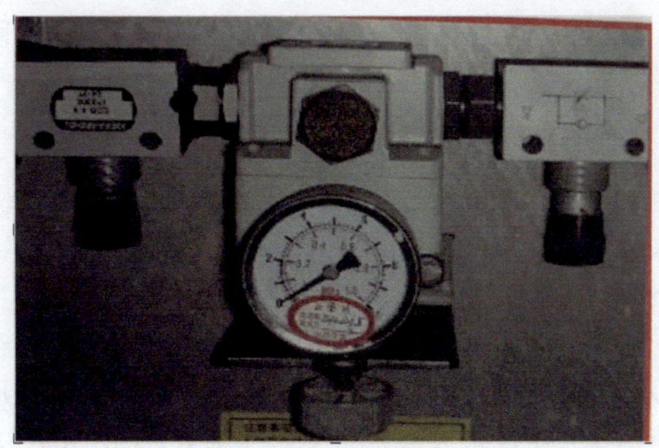

图 5-10　升弓阀板

3. 高压隔离开关动作试验

受电弓隔离开关试验：正常位时，QS1、QS2 闭合。隔离受电弓 1 时，QS1 断开；隔离受电弓 2 时，QS2 断开。

操作时必须在分主断、降弓状态下进行，确认无网压。隔离受电弓 1 时，将受电弓 1 隔离开关 QS1 置“隔离”位；隔离受电弓 2 时，将受电弓 2 隔离开关 QS2 置“隔离”位。通过高压柜观察窗确认高压隔离开关转换动作到位，确认显示屏出现受电弓隔离标识。

4. 主断路器动作试验

控制电器柜上 SA75 试验开关至“试验”位，主断路器扳键开关 SB43(SB44)置“合”位，主断路器闭合，操纵台上的状态指示灯“主断分”灭，微机显示屏上也有主断闭合的指示，如图 5-11 所示。

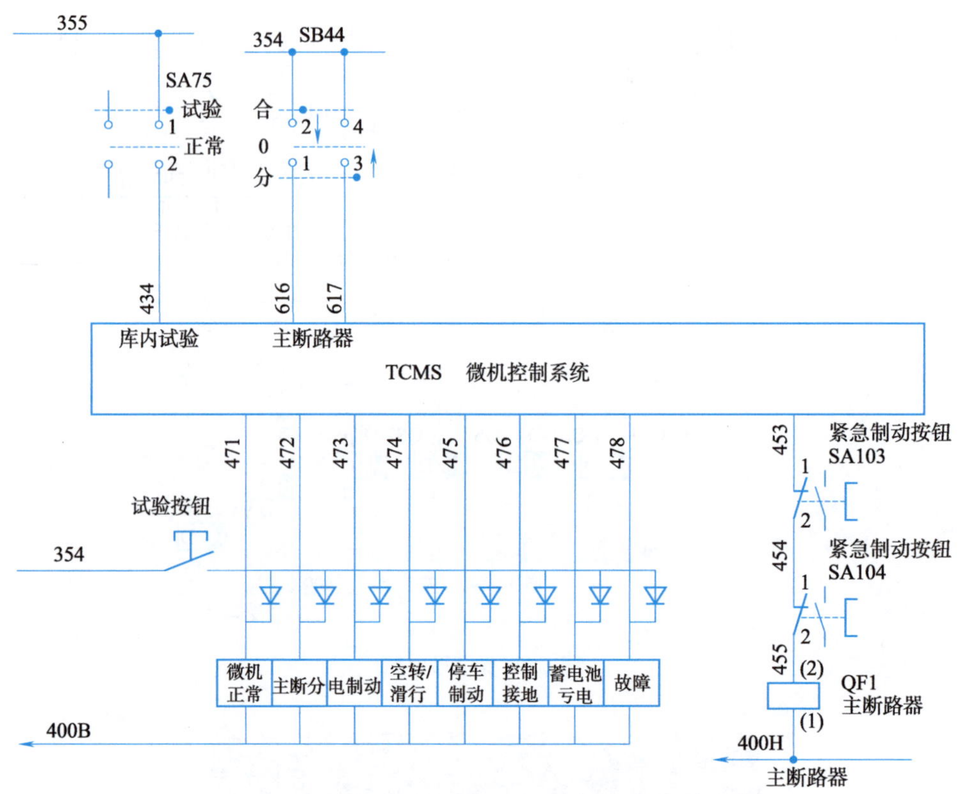

图 5-11 主断路器控制电路

主断路器扳键开关 SB43(SB44)置“分”位，主断路器断开，此时操纵台上的状态指示灯“主断分”亮，微机显示屏上也有主断断开的指示。

5. 主变流器静态模拟试验

司机控制器换向手柄打至“前”位，调速手柄在牵引模式下由 0 位逐级增加，直至最高级位 13 级，通过微机显示屏确认随着输出级位的增大，每个主变流器单元输出的牵引力也在逐级加大，直至达到货运模式下的最大值 95 kN(25 t 轴重)或 87 kN(23 t 轴重)及客运模式下的 87 kN。

将司机控制器调速手柄移至制动区域，观察状态指示灯“电制动”灯亮。

通过微机显示屏进入主变流器界面，确认可以实施主变流器的隔离与恢复。

6. 其他静态试验

将试验开关 SA75 打至“正常”位，进入微机显示屏检修状态界面，输入密码即可进入到试验菜单界面，如图 5-12 所示。试验界面出现“主司控器试验”“起动试验”“零级位试验”“辅助电源试验”“显示灯试验”“无人警惕试验”“轮缘润滑试验”等试验项目，依次单击试验项目，分别按照显示屏提示信息进行。若试验通过，则进行下一项。

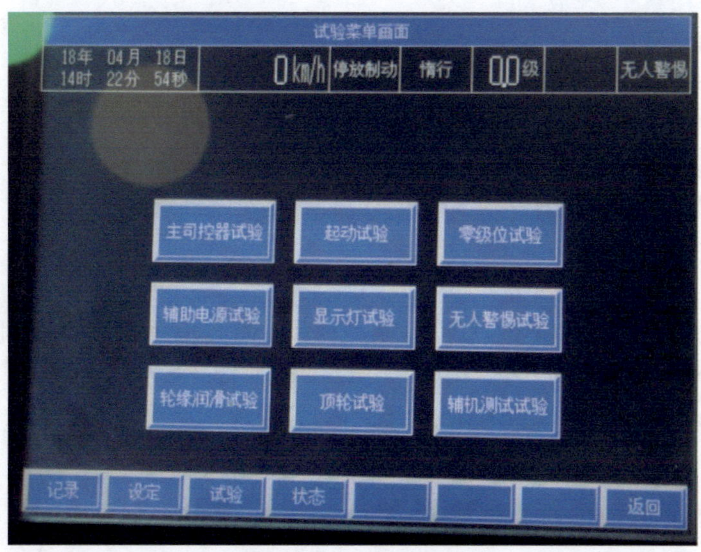

图 5-12　试验菜单画面

7. 机车照明试验

闭合各照明灯开关，照明正常。

四、弹簧停车制动(蓄能制动)试验

1. 将弹簧停车塞门置于"关闭"位(弹停塞门 B40. 06)

查看弹簧停车塞门关闭信息显示正确，弹簧制动缸压力排向大气。

查看方法：按压"机器状态"→"空制状态"，如图 5-13 所示。

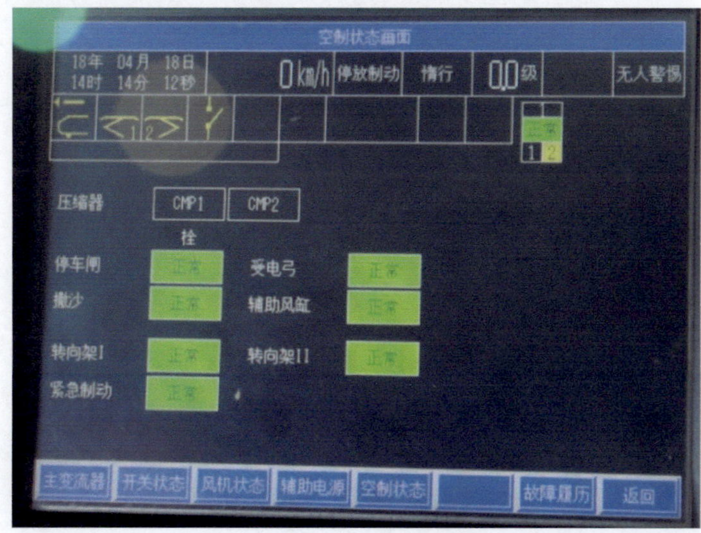

图 5-13　空制状态画面

2. 将弹停塞门置于“开放”位

塞门开放信息显示正确(方法同“关闭”位)。

3. 电控实施缓解

机车两侧弹停状态指示器显示“绿”色,司机室“停车制动”灯灭。

4. 电控实施制动

机车两侧弹停状态指示器显示“红”色,司机室“停车制动”灯亮。

五、结束试验

按停车制动按钮 SB99(SB100),停放制动动作。将自阀手柄移至“重联”位,并锁好。断开电钥匙,断开蓄电池自动开关 QA61,如图 5-4 所示。

根据任务信息填写低压试验内容,见表 5-1。

表 5-1 低压试验流程

试验项目	司机操作内容	电气设备动作情况(检查确认内容)
一、低压试验前的检查确认		
二、准备工作		
三、低压试验程序 1. 辅助压缩机试验		
2. 受电弓动作试验		
3. 高压隔离开关动作试验		
4. 主断路器动作试验		
5. 主变流器静态模拟试验		
6. 其他静态试验		
7. 机车照明试验		
四、弹簧停车制动试验		
五、结束试验		

根据任务实施结果填写任务评价表 5-2。

表 5-2　任务评价表

序　号	评价项目	评价内容	分　值	得　分
1	知识点	HXD3C 型电力机车低压试验项目	10	
2		每项试验项目的司机操作内容	20	
3		电气设备动作情况(检查确认内容)	30	
4	表达能力	仪态得体,逻辑严密,声音洪亮,讲解生动	20	
5	课堂表现	遵守课堂纪律,学习态度端正,积极配合教学安排	20	
小　计			100	

填空题

1. HXD3C 型电力机车蓝色钥匙拔出并插入管路柜上的升弓气路阀,保证受电弓的________连通。

2. HXD3C 型电力机车司机电钥匙开关 SA49(SA50)有两个位置:“合”“分”,当置“合”位置时,该机车操纵室即被设定为________。

3. HXD3C 型电力机车主变流器低压试验前,应将主变流器试验开关 SA75 置________位。

4. HXD3C 型电力机车高压隔离开关采用电空控制方式进行转换的。当一台受电弓发生故障接地时,可通过控制电器柜上的隔离开关 SA________,将其打至对应隔离位。

5. HXD3C 型电力机车高压接地开关 QS10 上配有 1 把蓝色钥匙和________把黄色钥匙。

6. HXD3C 型电力机车为防止损坏辅助压缩机,辅助压缩机打风时间不得超过________min。

7. HXD3C 型电力机车辅助压缩机启动打风后,当气压达到________kPa 时辅助压缩机自动停止工作。

任务二　高压试验

高压试验是在完成低压试验的基础上进行的,主要目的是检查在低压试验中无法检查的线路及电气设备部件,观察仪表的显示情况,检查牵引电机和各辅助机组转向是否正确、工作是否正常,并进行牵引和制动试验。高压试验做完以后才能进行试运行或投入使用。

高压试验前应再次对机车进行检查,对于在低压试验或排除故障中曾撤除的局部予以恢复，各闸刀均恢复正常运行位，带有灭弧装置的电器其灭弧装置应齐全，各保护继电器的指示件均应恢复正常位，清理各器室、各柜中的遗留物品，检查完毕后将车顶门、高压室门及各器室门关好。在高压试验中，为了确保人身平安，试验人员在升弓前必须确认各高压室无人，并经高呼和鸣笛后，方可升弓。

本任务主要学习高压试验的操作过程以及现象，进行详细分析，以便对故障进行分析和处理。

1. 掌握高压试验前的准备工作。
2. 掌握高压试验程序内容。
3. 了解高压试验操作及要求。

一、高压试验前的检查确认

(1)确认车顶无人、车顶门锁闭。

(2)确认接地开关 QS10 正常位，高压柜门锁闭，钥匙箱正常。

(3)检查各管路塞门在正常位，各开关正常位，总风压力不低于 750 kPa，机车制动缸压力 300 kPa，做好防溜措施。

(4)司机控制器换向手柄、调速手柄均在“0”位。

二、准备工作

(1)闭合蓄电池自动开关 QA61，电压不低于 96 V，如图 5-4 所示。

(2)通过 TCMS 微机显示屏将 6 个 CI 单元全部隔离。

按压“开放状态”键进入画面后，选择 CI1～CI6 后，按压“开放”键，关闭 6 个主变流器单元，从而切除 6 个牵引电机。切除后，显示红色，如图 5-14 所示。

(3)与试验工作无关人员撤离现场，作业人员到安全处所，方可联系升弓试验。

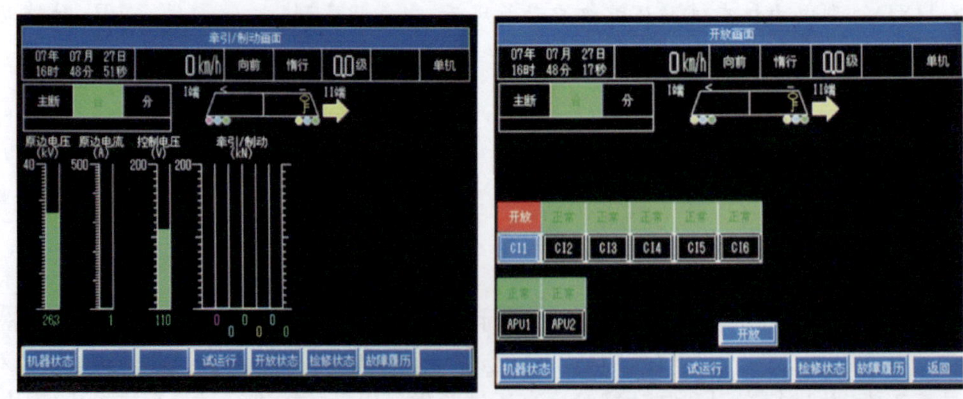

图 5-14　隔离主变流器单元 CI1～CI6

三、高压试验

1. 钥匙试验

闭合电钥匙 SA49(SA50)，通过 TCMS 微机显示屏确认 MPU/APU 和制动系统的状态是否正常，输入信号是否正确。状态指示灯中“微机正常”“主断分”“停车制动”指示灯亮。按压状态指示灯自检键，确认所有指示灯均点亮。

2. 升弓试验

受电弓扳键开关 SB41(SB42)置于“前”或“后”位，受电弓升起，网压表 PV1(PV2)显示原边网压，同时微机显示屏上也有原边网压显示和受电弓升起指示，如图 5-15 所示。

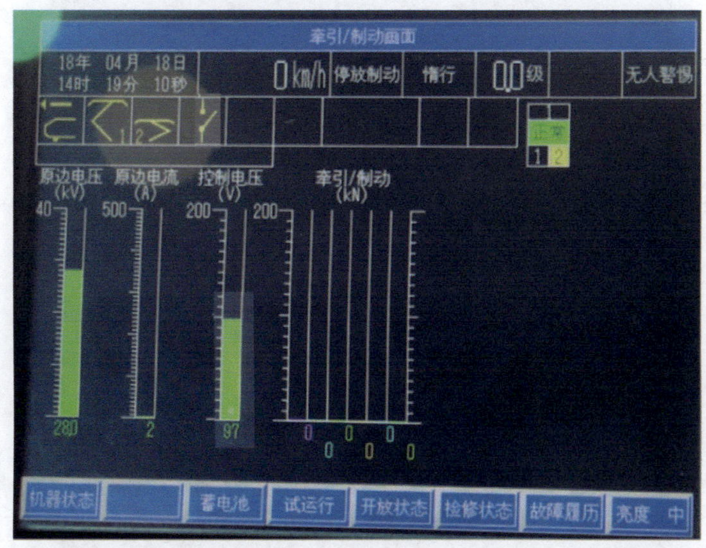

图 5-15　微机显示屏画面

注意：如果机车辅助风缸压力低于 480 kPa，即压力开关 KP58 在断开状态，则机车辅助压缩机自动开始打风，待风压达到 735 kPa 时，辅压机停止打风，受电弓升起；如果压力开关 KP58 在闭合状态，则受电弓直接升起。

当辅助风缸压力不满足升弓要求时，也可在发出升弓指令之前，直接到空气管路柜前按下“SB97”按钮，使 KMC1 闭合，辅助压缩机 U80 直接启动，对辅助风缸进行打风。TCMS 自动控制辅助压缩机运行时间不超过 10 min，再次投入工作需间隔 20 min，如图 5-8 所示。

3. 主断试验

主断路器扳键开关 SB43(SB44)置“合”位，听主断路器闭合声，操纵台上的状态指示灯“主断分”灭，微机显示屏上也有主断闭合的指示。

辅助变流器 APU2 开始启动运行。油泵、水泵均投入工作。注意观察油流方向、水流方向均正常，并确认冷却介质的流量，如图 5-16 所示。

注意：主断路器闭合后，辅助变流器 APU2 采用软启动方式投入运行，并以定频定压方式向油泵、水泵、车体通风机及辅助加热等装置开始供电。DC 110 V 电源装置检测到 DC 750 V 直流输入电压后，自动启动，向机车提供 DC 110 V 控制电源，如图 5-17 所示。

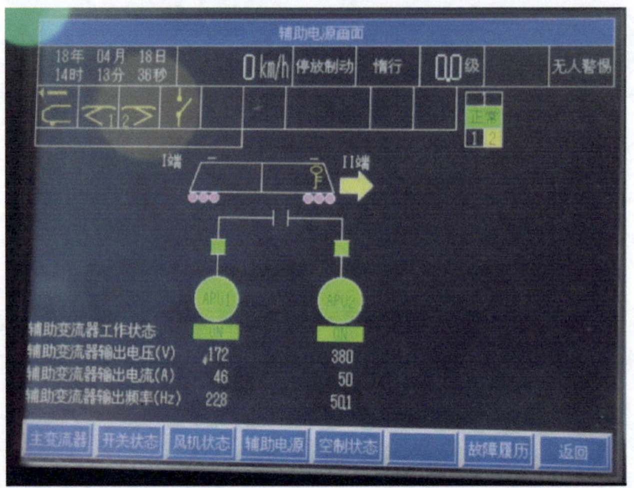

图 5-16 辅助电源画面

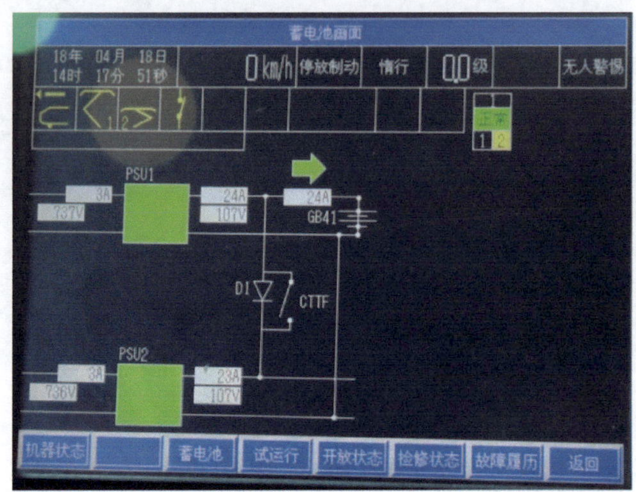

图 5-17 蓄电池画面

4. 空气压缩机试验

压缩机扳键开关 SB45(SB46)置“合”位，当总风缸压力低于(680±20) kPa 时，机车两台压缩机依次启动，投入工作(图 5-18)；当总风缸压力低于(750±20) kPa 时，只有非操纵端压缩机投入工作(即Ⅰ端为操纵端时，空气压缩机 2 工作；Ⅱ端为操纵端时，空气压缩机 1 工作)；当总风缸压力升至(900±20) kPa 时，压缩机自动停止工作。

将压缩机扳键开关置“强泵”位，两个压缩机依次启动，此时不受总风缸压力开关的控制，待总风缸压力开至(950±20) kPa 时，高压安全阀动作并连续排气，此时应停止压缩机工作，将扳键开关扳离“强泵”位。

注意：空气压缩机的工作方式分为间歇式和连续式两种模式，通过微机显示屏进入“检修模式”下的功能选择界面，可进行压缩机模式选择。间歇式为压缩机的常规运行模式，连续式模式主要是为了防止压缩机机油乳化、压缩机频繁启动等问题的发生，在间歇运行模式的基础上，增加压缩机的空载运行功能。压缩机空载运行时只进行内部循环，不再向总风缸进行供风。

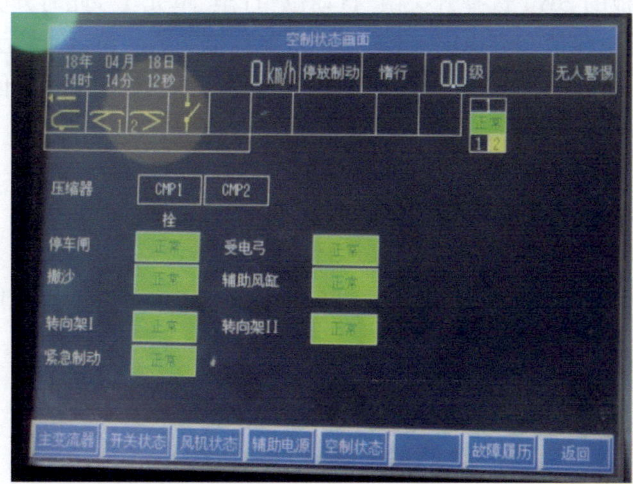

图 5-18　空制状态画面

5. 辅助变流器 APU1 的启动控制

机车为货运模式时，换向手柄置“前”或“后”位，从 TCMS 显示屏面面上可以观察到主变流器单元 CI1、CI2、CI3、Cl4、CI5、CI6 均被隔离，辅助电源装置 APU1 采用软启动方式投入工作，向牵引通风机和复合冷却器风机开始供电。当调速手柄级位≤4 级时，APU1 输出电源频率为 33 Hz(图 5-16)；当手柄级位>4 级时，APU1 输出电源频率为 50 Hz。

机车为客运模式时，只要主断路器闭合，辅助电源装置 APU1 就采用软启动方式投入工作，输出电源频率为 33 Hz。手柄级位>4 级时，APU1 输出电源频率为 50 Hz。

6. 辅助变流器试验

通过 TCMS 微机显示屏开放画面，分别开放 APU1、APU2，实现由另一组辅助变流器对全部辅助机组供电，如图 5-19 所示。

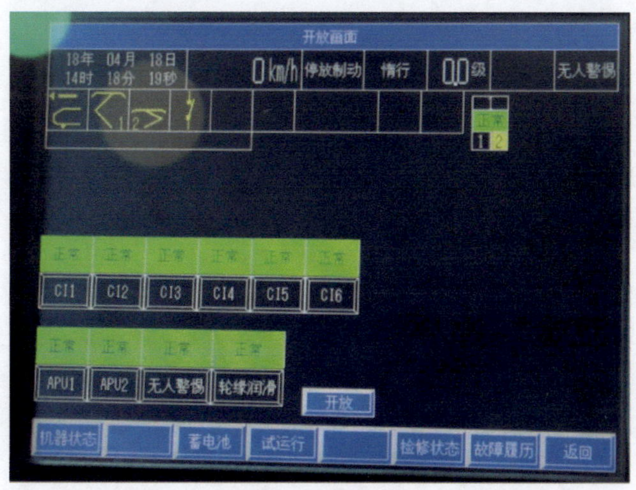

图 5-19　开放画面

7. 电源柜单元选择功能试验

将电源装置面板的SW1选择开关由“自动位”打至“单元1”，此时开关电源单元PSU1工作，观察面板上的电压值和充电电流值，在正常允许范围内。再由“单元1”打至“单元2”，此时开关电源单元PSU2工作，观察面板上的电压输出值和充电电流值，在正常允许范围内。

8. 客车供电空载试验

(1)将集控器故障隔离开关打故障“隔离位”。

(2)升弓合主断，APU2辅助电源投入运行。

(3)闭合操纵端列车供电钥匙SA105(SA106)，确认微机显示屏指示的供电电压为DC 600 V。

(4)A组试验完毕后，再将供电控制箱转至B组试验，试验步骤同上。

(5)试验完后将集控器故障隔离开关打至“运行位”。

9. 牵引、制动控制试验

(1)主变流器静态试验

确认机车制动状态良好。逐个对6个主变流器单元的输出工况及6台牵引电机产生的牵引力与机车运行的方向逐个进行确认(其他变流器单元通过TCMS微机显示屏隔离)，各牵引电机及轮对转向均应符合Ⅰ、Ⅱ端司机控制器的控制方向。

(2)制动试验

将调速手柄置制动区，状态指示灯“电制动”灯亮，TCMS显示屏显示“制动”及级位，牵引通风机全速运行。

(3)牵引动态试验

通过微机显示屏的触摸开关，使6个主变流器单元均恢复正常运行状态，缓解停放制动器，操纵司机控制器调速手柄，使机车以小于10 km/h低速运行，观察司机室各信息显示屏和故障显示单元显示正常，各仪表指针正常及指示数值正确，各风速继电器、风压继电器、油流继电器及有关电器动作正常，运行中仔细确认机车整体状态。

四、弹簧停车制动(蓄能制动)试验

1. 将弹簧停车塞门置于“关闭”位(弹停塞门B40.06)

查看弹簧停车塞门关闭信息显示正确。

查看方法:按压“机器状态”→“空制状态”键，弹簧制动缸压力排向大气。

2. 将弹停停车塞门置于“开放”位

塞门开放信息显示正确(方法同“关闭”位)。

3. 电控实施缓解

机车两侧弹停状态指示器显示“绿”色，司机室“停车制动”灯灭。

4. 电控实施制动

机车两侧弹停状态指示器显示“红”色，司机室“停车制动”灯亮。

五、结束试验

断开压缩机扳键开关SB45(SB46)、主断路器扳键开关SB43(SB44)，听主断断开声，断开受电弓扳键开关 SB41(SB42)，受电弓降下。按停车制动按钮 SB99(100)停车制动动作，自动制动阀手柄移到“重联”位，并锁好。断开电钥匙，断开蓄电池自动开关 QA61。

根据任务信息内容，填写表 5-3 中高压试验内容。

表 5-3　高压试验内容

试验项目	司机操作内容	电气设备动作情况(检查确认内容)
一、高压试验前的检查确认		
二、准备工作		
三、高压试验 1. 钥匙试验		
2. 升弓试验		
3. 主断试验		
4. 空气压缩机试验		
5. 辅助变流器 APU1 的启动控制		
6. 辅助变流器试验		
7. 电源柜单元选择功能试验		
8. 客车供电空载试验		
9. 牵引、制动控制试验		
四、弹簧停放制动试验		
五、结束试验		

任务评价

根据任务实施结果填写任务评价表 5-4。

表 5-4　任务评价表

序　号	评价项目	评价内容	分　值	得　分
1	知识点	HXD$_{3C}$ 型电力机车高压试验项目	10	
2		每项试验项目的司机操作内容	20	
3		电气设备动作情况(检查确认内容)	30	
4	表达能力	仪态得体，逻辑严密，声音洪亮，讲解生动	20	
5	课堂表现	遵守课堂纪律，学习态度端正，积极配合教学安排	20	
小　计			100	

1. HXD3C 型电力机车 PSU 电源模块上转换开关 SW1 的功用是什么?

2. HXD3C 型电力机车辅助变流器 UA11、UA12 启动条件是什么?

3. HXD3C 型电力机车进行高压试验时应注意什么?

4. HXD3C 型电力机车主变流器静态试验时要确认哪些内容?

5. HXD3C 型电力机车进行牵引动态试验应注意什么?

任务三　机车操纵

HXD3C 型电力机车应按照一定的程序进行整备检查和操纵试验，符合相关要求方可使用。机车操纵包含以下内容：

1. 机车运行前的检查。
2. 机车启动前的准备。
3. 升弓、合主断及各辅机启动。
4. 制动系统检查。
5. 机车启动。
6. 机车的准恒速运行。
7. 动力制动操作。
8. 通过分相区的操作。
9. 警惕操作。
10. 故障排除运行。
11. 结束运行操作。

本任务主要学习 HXD3C 型电力机车操纵中有关电气线路。

掌握 HXD3C 型电力机车操纵内容及要求。

一、启动前的准备

(1)将机车各类开关打正常运行位，并将低压电源柜上电源选择开关 SW1 置于“自动”位。

(2)将控制电器柜里的控制电路接地自动开关(QA59)、蓄电池输出自动开关(QA61)闭合，蓄电池电压不得低于 96 V(图 5-4)，再将其他与机车运行相关的自动开关闭合。若控制电源柜上电压表显示 77 V 时，机车无法升弓。

(3)黄色钥匙插入到高压接地开关上，使高压接地开关打至“工作位”，蓝色钥匙才可拔出，完成高压安全联锁；将蓝色钥匙插入空气制动柜内的升弓钥匙阀 U99，旋转钥匙开启升弓气路(此时该钥匙将无法取出)，为机车升弓做好准备。

(4)闭合司机电钥匙开关 SA49(SA50)。

电钥匙有两个位置：“合”“分”。

将司机钥匙插入操纵台上的电源钥匙开关 SA49(SA50)处，并转至“合”位，机车一端即被设定为操纵端，另一端为非操纵端。此时，机车微机控制系统 TCMS 得电，并开始自检。

自检完成后，操纵台上的微机显示屏 PD41(或 PD42)进入牵引/制动界面。状态指示灯经过自检(全亮)后，如果一切状态正常，只有“微机正常”和“主断分”灯亮，表示机车已准备就绪。

注意：机车操纵端一旦设定，即使另一端的电钥匙也打到“合”位，其操作也会判定为无效，先插入钥匙端的司机室仍为操纵端。

(5)机车静态试验

机车静态下可仿真机车的牵引制动性能和其他相关动作试验。包括：主断路器分合试验、牵引变流器静态模拟试验、其他静态试验。

二、升弓控制

司机在Ⅰ端司机室，将受电弓扳键开关 SB41 置于“后”位，受电弓电空阀 YV42 线圈得电。受电弓 PG2 升起后，操作台上的网压表 PV1 可显示当前原边网压，同时微机显示屏上也有原边网压显示和受电弓升起指示，如图 5-20 所示。

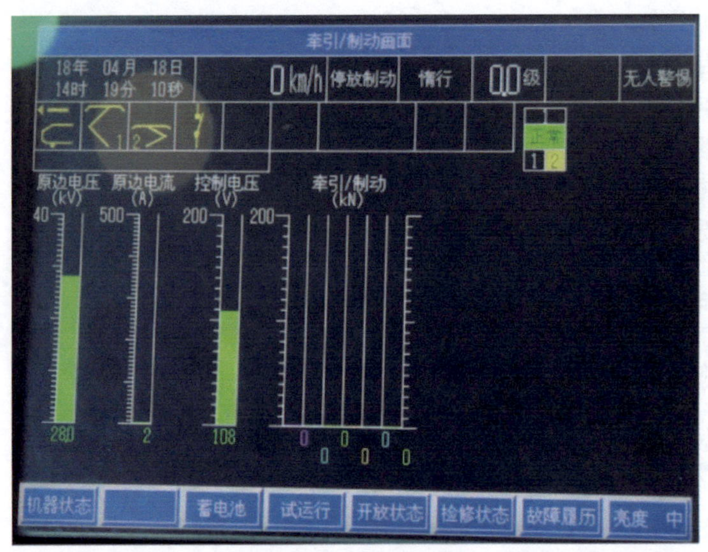

图 5-20 升弓后画面

当扳键开关置“0”位，受电弓 PG2 降下。

当机车受电弓出现滑板破裂、磨损到限或管路泄漏时，需要立即降弓。为了保证在降弓前，主断路器先断开，机车控制系统采集了受电弓风管压力开关 KP63、KP64 的信号。当压力开关动作时，机车控制系统会立即分主断，防止拉弧放电对弓网的损坏。然后停止对升弓电空阀 YV41 或 YV42 的输出控制，升弓电空阀失电，受电弓降下。

三、主断路器控制

司机通过操纵主断路器扳键开关，可以实现对主断路器的控制。主断路器扳键开关设有“主断合”“0”和“主断分”三个位置。主断路器扳键开关为自复式，正常位置为“0”位。

当扳键开关置“主断合”位时，如果主断闭合的相关逻辑正常，主断路器 QF1 线圈得电，在空气管路压力正常的前提下，主断路器 QF1 闭合，可听到主断路器闭合声，此时操纵台上的状态指示灯“主断分”灭，微机显示屏上也有主断闭合的指示。

当扳键开关置“主断分”位时，主断路器 QF1 线圈失电，主断路器 QF1 分断。

当机车发生故障时，为了在最短的时间内分断主断路器，机车设置了硬线的快速分断电路。主断路器线圈 QF1 电路中串入紧急制动开关的常闭触点，按下紧急制动按钮会立即切断主断路器线圈 QF1 电路，使主断路器立即断开，如图 5-11 所示。

HXD3C 型电力机车出现以下故障时跳开主断路器：原边过流、主变压器牵引绕组过流、主电路接地、牵引电机过流、辅助变流器输入回路过流、辅助变流器输出回路过载和短路、主变压器油温过高、弓网故障快速降弓。

另外，当自动过分相、半自动过分相、按下紧急制动按钮时，主断路器也断开。

四、辅助变流器 APU2 启动

主断路器闭合后，辅助变流器 APU2 采用软启动方式投入运行，并以恒压恒频（CVCF）方式向油泵、水泵、车体通风机及辅助加热等装置开始供电。

DC 110 V 电源装置检测到 DC 750 V 直流输入电压后，自动启动，向机车提供 DC 110 V 控制电源。

五、压缩机控制

空气压缩机扳键开关 SB45（SB46）有三个位置，分别为“主压缩机”“强泵”“0”位。

当扳键开关置“主压缩机”位，并且总风缸空气压力继电器 KP51-1（风压低于 750 kPa 时闭合，风压高于 900 kPa 时断开）、KP51-2（风压低于 825 kPa 时闭合，风压高于 900 kPa 时断开）闭合时，空气压缩机接触器 KM13、KM14 依次得电闭合，空气压缩机 1、2 依次投入工作。当风压低于 825 kPa 时 KP51-2 闭合，但 KP51-1 打开，此时只有非操纵端压缩机工作。注意：当某一辅助变流器出现故障时，操纵端的压缩机工作。

若总风缸空气压力继电器 KP51 发生故障，空气压力开关不能正常闭合时，可以将扳键开关置“强泵”位，强制空气压缩机接触器 KM13、KM14 得电闭合，空气压缩机 1、2 投入工作。

当扳键开关置“0”位，空气压缩机接触器 KM13 或 KM14 失电分断，空气压缩机停止工作。

当扳键开关置“强泵”位，空气压缩机 1、2 启动。此时，压缩机不受总风缸压力继电器控制，待总风缸压力上升至（950±20）kPa 时，高压安全阀动作并连续排气。此时应将扳键开关离开“强泵”位，停止压缩机工作。

六、启动前确认

（1）停放制动处于缓解状态，停放指示器呈绿色。当停放制动风缸中风压达到 480 kPa 以上，弹停装置缓解后允许行车。

（2）总风缸压力达 750 kPa 以上。当总风缸压力低于 500 kPa 时，IPM 接收到 MREP 压力开关信号，使机车实施制动，不允许机车加载牵引。

（3）空气制动处于缓解状态（但在坡道启动等特殊情况下，也可先施加启动牵引力，再缓解空气制动)。

(4)接触网电压在 17.5～31.5 kV 之间,控制电压为 DC 110 V。

(5)辅组变流器机组工作正常,无故障。

七、司机控制器

HXD3C 型电力机车主司机控制器 AC41(AC42)有两个手柄:换向手柄和调速手柄。

换向手柄用来改变机车的运行方向,有“向前”“向后”和“0”三个位置。

调速手柄用来转换机车的牵引与制动工况,设定机车运行速度,实现机车的启动和调速。牵引级位 0～13 级,制动级位 *～12 级。

将司机控制器调速手柄推向牵引区域,机车进入牵引工况,调速手柄可在 *～1～13 级位范围内任意选择,机车遵循该级位的牵引特性曲线,实现恒牵引力准恒速特性控制。

电位器通过导线 599 输入 DC 24 V 电压。调速手柄在“0”位到“ * ”位时,导线 509 输出电压≤0.1 V。控制手柄在牵引 13 级和制动 12 级时,导线 509 输出电压值≥23.6 V,如图 5-21 所示。

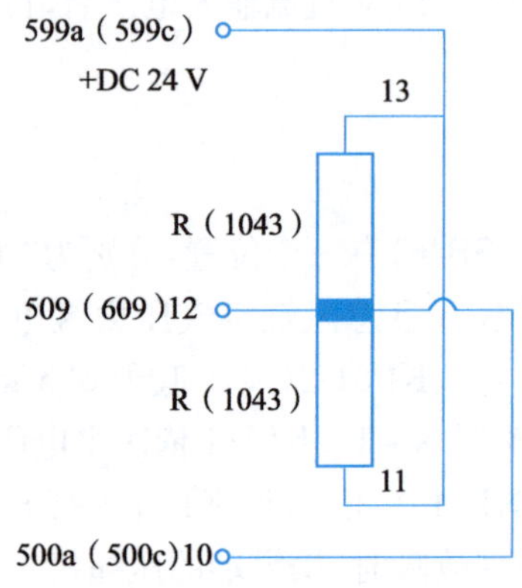

图 5-21　司控器电位器

八、辅助变流器 APU1 启动

货运模式将司机控制器换向手柄由“0”位转换为“向前”或“向后”位,客运模式主断路器闭合后,辅助变流器 APU1 采用软启动方式投入工作,向牵引通风机和复合冷却器通风机开始供电。

调速手柄级位≤4 级时,APU1 输出电源频率为 33 Hz;调速手柄级位>4 级时,APU1 输出电源频率为 50 Hz。

HXD3C 型电力机车主变流器允许投入前必须具备的信号有:牵引风机风速继电器 KP41、KP46 和主变压器油流继电器 KP49、KP50 信号。当风速或油流继电器均正常动作时,说明主变流器工作的外围条件具备,可以投入运行。

主变流器的充电接触器、工作接触器相继转为“启动”状态。当主变流器中间回路电压高于 36 V 时,主变流器“预备”指示灯亮。当调速手柄离开“0”位,主变流器“预备”指示灯灭。

九、恒牵引力、准恒速运行

调速手柄离开“0”位，推向牵引区，机车按照恒牵引力、准恒速的特性控制运行，牵引特性曲线如图 5-22 所示。

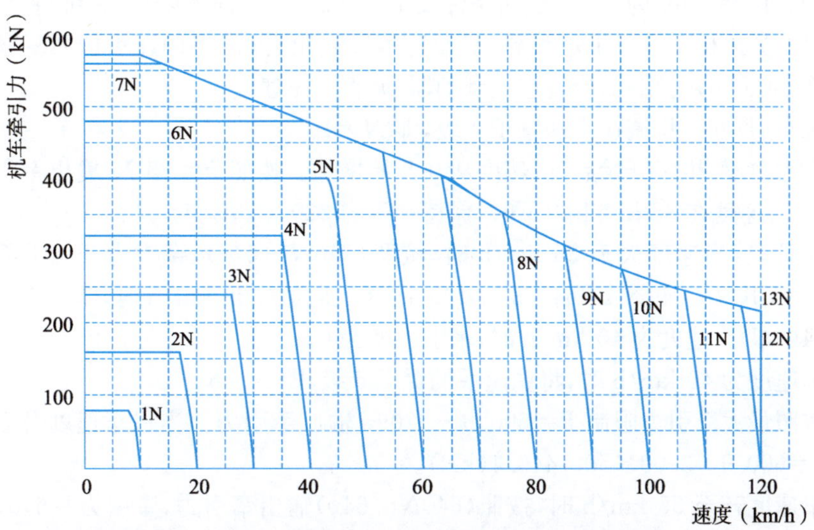

图 5-22　HXD3C 型电力机车（轴重 25 t）牵引特性曲线

HXD3C 型电力机车 25 t 轴重时，限制及牵引特性控制函数公式为

$$F=\begin{cases}570\\80N\\600.9-3.09v\text{（取最小值作为输出值）}\\25\ 920/v\\640N-64v\end{cases}$$

式中　F——机车轮缘牵引力，kN；

v——机车速度，km/h；

N——司机控制器调速手柄级位。

（1）当机车速度小于等于 10 km/h 时，机车最大牵引力限制为 570 kN。

（2）恒牵引力启动阶段

机车司机控制器每个级位的牵引力变化设定为 80 kN。机车按 $F=80N$ 关系启动，输出牵引力与级位成正比例关系，司控器每增加 1 级位，牵引力相应增加 80 kN。当级位增加到 7 级以上时，输出牵引力受最大牵引力限制，输出 570 kN。

（3）当机车速度大于 10 km/h 小于等于 65 km/h 时，机车最大牵引力限制按线段 $F=600.9-3.09v$ 线性限制，机车进入加速区。

（4）当机车速度大于 65 km/h 时，机车最大牵引力限制按曲线 $F=25\ 920/v$ 进行限制；当机车速度达到 120 km/h 时，进行速度限制，此区段为机车功率限制区。

（5）准恒速运行阶段。

机车运行阶段按 $F=640N-64v$ 关系运行，牵引力随着速度的增加线性下降，牵引力不能为负值，当计算结果为负值时，输出牵引力为零。

机车的准恒速运行是机车根据调速手柄的位置(级位)设定目标速度，按照准恒速特性来控制。机车速度从速度范围的最低值缓慢行驶，为了达到设定目标速度，发挥牵引力。当机车速度接近设定目标速度时，牵引电机牵引力自动减小。当机车速度达到设定目标速度时，牵引电机牵引力变为0。当线路条件发生变化时，机车速度降低，为维持目标速度，开始再次牵引。如果机车进入下坡线路，机车速度就会上升，需将调速手柄回复“0”位，并采取必要措施，通过司机控制器或者空气制动器，调整列车速度。

①当机车启动时，将调速手柄置于4级，即$N=4$。

恒牵引力阶段：机车开始启动，速度从0开始增加。按照$F=80$ N，输出牵引力$=80\times4=320$(kN)。速度在35 km/h以下时，保持牵引力320 kN不变。

准恒速阶段：当速度大于35 km/h时，按照$(640N-64v)$，牵引力开始下降。速度为37 km/h时，牵引力$=640\times4-64\times37=192$(kN)。速度为39 km/h时，牵引力$=640\times4-64\times39=64$(kN)。速度为40 km/h时，牵引力变为0。

②机车速度为40 km/h时，将调速手柄置于6级，即$N=6$。

机车按照最大牵引力限制$F=600.9-3.09v$输出牵引力。当机车速度升至50 km/h时，牵引力$=600.9-3.09\times50=446.4$(kN)。

当机车速度升至55 km/h时，按照$(640N-64v)$输出牵引力，牵引力$=640\times6-64\times55=320$(kN)。

当机车速度达到60 km/h时，牵引力为0。

十、定速操作

当机车速度大于等于15 km/h，且机车未实施空气制动时，按下“定速”按钮SB69(SB70)，当时的机车运行速度被认定为“目标速度”，机车进入“定速控制”状态。进入定速控制模式，机车将根据实际行驶速度与定速期望目标速度的差异，自动进行牵引及电制动的快速转换，控制机车行驶速度不变。

当机车实际速度大于“目标速度+2 km/h”时，TCMS自动控制机车进入电气制动工况；当机车的实际速度降低到“目标速度+1 km/h”时，电气制动力降至0。

当机车实际速度小于“目标速度−2 km/h”时，TCMS自动控制机车进入牵引工况；当机车的实际速度升高到“目标速度−1 km/h”时，牵引力降至0。

机车进入“定速控制”状态后，司机控制器调速手柄的级位变化超过1级以上时，机车“定速控制”状态自动解除。

十一、无人警惕操作

惩罚制动分为两种：一种是列车管减压100 kPa的惩罚制动，一种是列车管减压为零的惩罚制动。

产生惩罚制动原因有：无人警惕产生、ILC控制台转换、FIRE显示故障、ATP故障、制动故障、列车排风过快。

机车运行时，如果司机出现打瞌睡、离岗或因紧急伤病等情况丧失操控能力时，无人警惕功能将主动实施停车，保证行车安全。该功能是通过微机控制系统来实施，并在操纵台上设有声光报警和信息提示，直至实施惩罚制动。

当机车速度≥3 km/h，并且司机控制器的换向手柄离开“0”位，60 s 内如果司机没有操纵任何复位开关，司机室语音箱发出“无人警惕”的语音报警，微机显示屏同时进行无人警惕预警提示。如果再经过 10 s 仍没有施加任何无人警惕复位指令，产生惩罚制动。HXD3C 型电力机车警惕装置动作，机车实施最大常用制动。

操纵端司机室的下列任一操作均可复位无人警惕功能：

(1)警惕开关包括警惕按钮 SB95(SB96)和警惕脚踏开关 SA101(SA102)；

(2)高音风笛按钮 SB81(SB82)、SB85(SB86)；

(3)低音风笛脚踏开关 SA85(SA86)；

(4)撒砂脚踏 SA83(SA84)；

(5)司控器的级位转换；

(6)制动手柄的移动。

主手柄在任意位置时，警惕按钮均可按下。

十二、动力制动(电气制动)

当机车以一定的速度运行在下坡道或需要抑制机车速度时，司机应及时使用动力制动。使用动力制动时，制动电流不得超过额定值。25 t 轴重时，机车最大电制动力限制为 400 kN。

当机车速度大于 65 km/h 时，机车最大电制动力按曲线 $F=25\ 920/v$ 进行限制，此区段为机车功率限制区。

机车速度在 65～15 km/h 时，机车制动力 $F=(400/3)N$。

机车速度从 15～5 km/h 按限制线性下降至 0。

机车速度小于 5 km/h 时，电制动力为 0，解除动力制动，如图 5-23 所示。

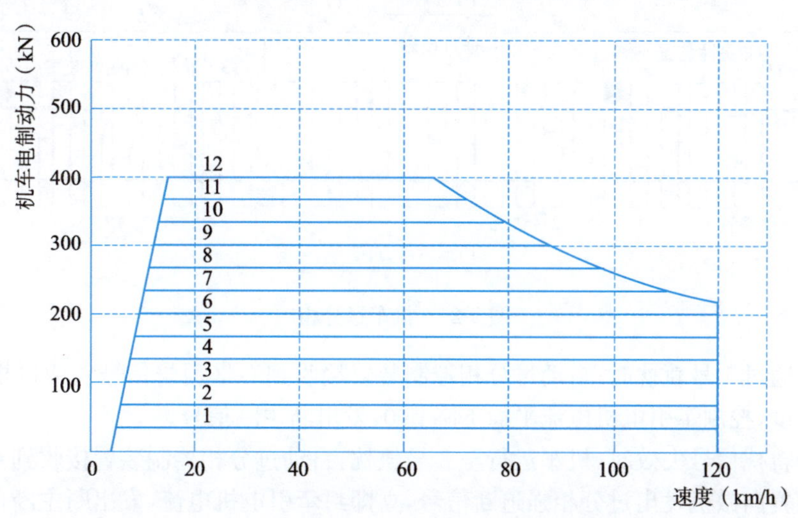

图 5-23　HXD3C 型电力机车(轴重 25 t)制动特性曲线

司机控制器调速手柄从“0”位推到制动区，动力制动开始，操纵台上的电制动指示灯亮。HXD3C 型电力机车具有恒制动力的电气制动特性，每个制动级位对应一个固定动力制动力值，但不超过该速度下的最大动力制动力。

如果司机首先通过司机控制器施加了动力制动，然后使用自动制动手柄，机车仍保持主司控器施加的动力制动，机车不实施空气制动，但后面的车辆实施空气制动。当施加单独制动时，空气制动可以激活，当制动缸压力达到 90 kPa 时，动力制动将被切除。

当司机先通过单独制动手柄施加空气制动，在机车制动缸压力达到 90 kPa 后，追加动力制动，动力制动无法投入。当机车处于定速控制，机车速度比目标速度低时，动力制动不起作用。当机车处于定速控制，机车速度比目标速度高时，动力制动起作用，以维持目标速度。

和谐型电力机车采用的空电联合制动特点如下：

①大闸在制动位时，机车产生空电联合作用。即机车只产生电制动，而车辆产生空气制动。当电制动力不够时，自动追加空气制动。

②机车产生空气制动力与机车产生电制动力基本一致。

③司机可以根据列车运行情况，操纵牵引/制动手柄追加电制动力，但不能缓解由于空电联合作用而产生的电制动力。

④侧压小闸后可以缓解由于空电联合而产生的机车空气制动。

十三、过分相

机车可以采用三种方式通过分相区：自动过分相、半自动过分相和手动过分相，微机显示屏对自动方式和半自动方式进行信息显示。

(1)自动过分相

当机车以图 5-24 运行时，G1 为预告信号，G2 为强迫信号，G3 为恢复信号，G4 为远点恢复信号。

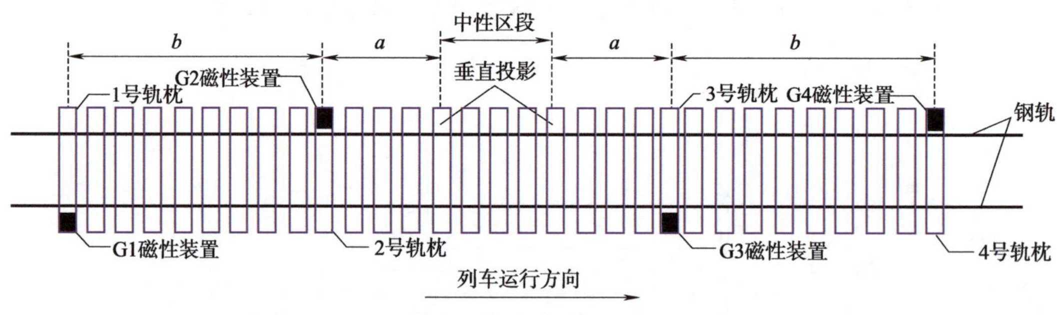

图 5-24　机车过分相

当机车通过 1 号轨枕时，自动过分相控制装置接收到 G1(预告信号)，微机根据此时机车的运行速度，控制牵引电机电流平稳下降到 0，发出断主断信号。

当 1 号轨枕信号失效时，机车运行至 2 号轨枕，自动过分相控制装置接收到 G2(强迫信号)，控制装置向微机发出过分相强迫断信号，立即封牵引电机电流，发出断主断信号。

在正常接收到 1 号轨枕 G1(预告信号)时，2 号轨枕 G2(强迫信号)不起作用。

机车通过无电区后，机车运行至 3 号轨枕，自动过分相控制装置接收到 G3(恢复信号)，向微机送出合主断信号，控制牵引电机电流缓慢恢复到过分相前工况。

在正常接收 3 号轨枕 G3(恢复信号)时,4 号轨枕 G4(远点恢复信号)不起作用。

当机车以图 5-24 运行方向相反时,G4 为预告信号,G3 为强迫信号,G2 为恢复信号,G1 为远点恢复信号。

(2)半自动过分相

当机车运行接近分相区时,调速手柄回"0"位,确认总风缸压力在 900 kPa 左右,人为按下操作台上"过分相"按钮,辅助变流器、主变流器停止工作,机车自动断开主断路器。机车通过高压电压互感器检测机车网压变化情况,当确认机车通过分相区,接触网电压恢复至正常值并延迟一定时间后,自动闭合主断路器,启动辅助变流器、主变流器等,并使机车状态恢复到过分相区前的状态。

(3)手动过分相

当机车运行接近分相区时,调速手柄回"0"位,确认总风缸压力在 900 kPa 左右,人为断开空气压缩机扳键开关后,断开主断路器。通过分相区后,人为闭合主断路器,确认控制电压上升至 110 V 左右,重新启动辅助变流器、主变流器,再合空气压缩机扳键开关,使机车恢复至过分相前的状态。

十四、紧急制动

紧急制动的触发方式有以下几种:

(1)自动制动阀置紧急位。

(2)开放车长阀触发紧急制动。

(3)按下"紧急制动"按钮,机车将实施紧急制动,一方面断开主断路器,另一方面对列车实施紧急制动。

(4)IPM 触发紧急制动。

(5)ATP 触发紧急制动。

(6)列车断钩分离触发紧急制动。

十五、停放制动

为了防止机车在停放状态下发生溜车事故,设置了弹簧蓄能制动,即停放制动。

按下停放制动按钮(自复):机车进入"停放制动"状态,"停放制动"指示灯亮;

按下停放缓解按钮(自复):机车退出"停放制动"状态,"停放制动"指示灯灭。

十六、微机复位

当机车在正常运行中发生微机故障,不能自行恢复时,故障信息在司机室信息显示单元中显示出来,司机可以根据提示,通过按动故障复位按钮 SB61(SB62)1 次,实现故障的恢复。

如当机车在正常运行中发生某一主变流器故障时,若不能自行恢复,故障信息在司机室信息显示单元中显示出来,司机可以根据提示,通过按动故障复位按钮 SB61(SB62)1 次,实现故障变流器恢复。若复位后,故障仍存在,司机可通过微机显示屏将故障支路的主变流器切除,继续维持机车运行,回段后再作处理。

十七、结束运行

运行结束，离开机车前需完成以下操作：

（1）将司机控制器的换向手柄置“0”位，自动制动阀手柄置“重联”位，插好锁闭销，单独制动阀置“全制动”位。

（2）断开主断路器，降下受电弓。

（3）关闭驾驶台所有开关，取下司机钥匙和供电钥匙。

（4）将停放制动置于制动状态。

（5）断开控制电路接地自动开关 QA59、蓄电池输出自动开关 QA61。

根据任务信息，填写机车操纵的内容填入表 5-5 中。

表 5-5　机车操纵流程

试验项目	司机操作内容	电气设备动作情况(微机显示屏显示)
一、启动前的准备		
二、升弓控制		
三、主断路器控制		
四、辅助变流器 APU2 启动		
五、压缩机控制		
六、启动前确认		
七、司机控制器		
八、辅助变流器 APU1 启动		
九、恒牵引力、准恒速运行		
十、定速操作		
十一、无人警惕操作		
十二、动力制动		
十三、过分相		
十四、紧急制动		
十五、停放制动		
十六、微机复位		
十七、结束运行		

根据任务实施结果填写任务评价表 5-6。

表 5-6　任务评价表

序　号	评价项目	评价内容	分　值	得　分
1	知识点	HXD3C 型电力机车操纵步骤	10	
2		每项操纵的操纵内容	20	
3		电气设备动作情况(微机显示屏显示内容)	30	
4	表达能力	仪态得体,逻辑严密,声音洪亮,讲解生动	20	
5	课堂表现	遵守课堂纪律,学习态度端正,积极配合教学安排	20	
小　计			100	

1. HXD3C 型电力机车主断路器分断有哪些原因?

2. 写出 HXD3C 型电力机车压缩机工作状态与总风缸压力的关系。

3. HXD3C 型电力机车启动前要确认哪些内容?

4. HXD3C 型电力机车准恒速运行特点是什么?

5. 试述 HXD3C 型电力机车无人警惕如何复位?

6. 试述 HXD3C 型电力机车动力制动特点是什么?

参 考 文 献

[1] 北京铁路局. HXD3C 型电力机车原理与操作[M]. 北京：中国铁道出版社，2015.
[2] 铁道部运输局机务部. HXD3C 型电力机车[M]. 北京：中国铁道出版社，2012.
[3]《铁路机车乘务员专业培训教材》编委会. HXD3C 型电力机车乘务员[M]. 北京：中国铁道出版社，2016.
[4] 昆明铁路局. HXD3C 型电力机车乘务员实用手册[M]. 北京：中国铁道出版社，2014.